乡村70载 振兴跨百年系列丛书

中国乡村振兴

——肉牛养殖场（户）废弃物资源化利用行为及政府规制研究

李 乾 王玉斌 ◎ 著

中国农业大学出版社
China Agricultural University Press
·北京·

内容简介

本书是“乡村70载　振兴跨百年系列丛书”中的第三册。基于畜禽养殖统计数据，从时空维度科学评估我国肉牛养殖废弃物产生量、资源价值量以及引致的环境压力；对当前我国肉牛养殖废弃物资源化利用模式进行划分，并基于典型案例解析不同模式的产生动因、发展优劣势、运行机制以及推广条件；利用肉牛养殖场（户）调研数据，分别从意愿与行为两个方面识别肉牛养殖场（户）废弃物资源化利用的行为动机，并从政府规制的视角探究政府介入肉牛养殖场（户）废弃物资源化利用行为的边界方式以及作用效果。

图书在版编目（CIP）数据

中国乡村振兴：肉牛养殖场（户）废弃物资源化利用行为及政府规制研究 / 李乾，王玉斌著. —北京：中国农业大学出版社，2021.9

（乡村七十载　振兴跨百年系列丛书）

ISBN 978-7-5655-2603-9

Ⅰ.①中…　Ⅱ.①李…②王…　Ⅲ.①肉牛－养殖业－经济发展－研究－中国　Ⅳ.①F326.35

中国版本图书馆CIP数据核字(2021)第170770号

书　　名　中国乡村振兴
——肉牛养殖场(户)废弃物资源化利用行为及政府规制研究

作　　者　李　乾　王玉斌　著

策划编辑　童　云　张　玉　　**责任编辑**　童　云
封面设计　郑　川
出版发行　中国农业大学出版社
社　　址　北京市海淀区圆明园西路2号　　**邮政编码**　100193
电　　话　发行部 010-62733489，1190　　读者服务部 010-62732336
编辑部 010-62732617，2618　　出　版　部 010-62733440
网　　址　http://www.caupress.cn　　**E-mail** cbsszs @ cau.edu.cn
经　　销　新华书店
印　　刷　涿州市星河印刷有限公司
版　　次　2021年9月第1版　　2021年9月第1次印刷
规　　格　787×1 092　　16开本　　11.75印张　　180千字
定　　价　45.00元

序

随着我国居民收入水平的不断提高，人们对动物产品的需求量不断增长，从而拉动畜牧业的快速发展。

国家高度重视畜牧业健康发展。2020 年 9 月国务院办公厅出台《关于促进畜牧业高质量发展的意见》（国办发〔2020〕31 号）提出，“不断增强畜牧业质量效益和竞争力，形成产出高效、产品安全、资源节约、环境友好、调控有效的高质量发展新格局，更好地满足人民群众多元化的畜禽产品消费需求”，这为畜牧业发展指明了前进方向，也提出了新的更高要求。

坚持绿色发展是推进畜牧业高质量发展的基本原则之一，协同推进畜禽养殖和环境保护显得尤为重要。畜禽养殖自然伴随产生大量粪污，在散户或小规模养殖占主导地位的当下发展阶段，养殖主体通过发展种植业可以很好地消纳养殖粪污，轻松实现养殖主体内部的种养结合，并且能够产生良好的经济社会效益。但是，随着种植业的适度规模化发展，以及畜牧业规模化养殖的推进，传统种养结合的均衡正在被打破，如何应对畜禽粪污的快速大量产生、有效降低畜禽粪污对环境的影响成为政府关注的热点问题和养殖主体面临的头号难题，也是当前养殖业面临“环保高压”卡脖子的根本原因所在，新形势下，迫切需要快速构建种养结合、农牧循环的可持续发展新格局。

资源化利用是破解这一问题的根本出路，这在全国各地畜牧业生产实践中已经得到了很好的证明。但是，当前我国畜禽粪污综合利用率仅为 75%，离 2025 年畜禽粪污综合利用率达到 80% 以上、2035 年达到 85% 以上的目标还有很大距离。无论是从政策目标的实现，还是从现实生产的需求考虑，均迫切需要提高养殖废弃物资源化利用率。从长远发展来看，需要尽快推动养殖废弃物的高质量资源化利用，大力提高养殖废弃物利用和管理的精准化水平。

在养殖废弃物资源化利用市场化运行机制尚未发挥主导作用的现实情形下，促进养殖场（户）切实履行应当承担的养殖废弃物利用和污染防治的主体责任，有效调动其参与的积极性也就至关重要。因此，确切了解养殖主体的决策行为，成为当前学术研究的重点和焦点。

李乾博士与王玉斌教授近年来针对肉牛养殖场（户）开展了大量调研，掌握了详实的数据资料，不断探求解开肉牛养殖场（户）践行养殖废弃物资源化利用的行为逻辑，相关研究成果形成眼前这本《中国乡村振兴——肉牛养殖场（户）废弃物资源化利用行为及政府规制研究》，希望此书的出版，能够引起更多的人关注和思考养殖废弃物资源化利用问题，共同为我国畜牧业高质量发展和环境保护贡献智慧和力量。

北京工商大学原党委书记、校长

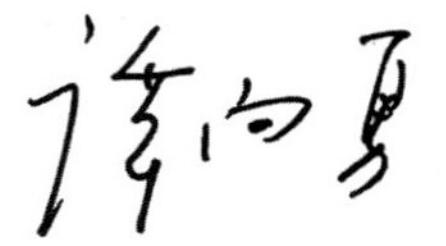

2021年6月5日

前　言

随着我国居民肉类消费结构的变化，牛肉消费需求逐渐走强，肉牛养殖业规模不断扩张，肉牛养殖面临的环保压力不断增大。目前国家重点支持并推进的是生猪、家禽和奶牛养殖废弃物资源化利用，对肉牛养殖废弃物资源化利用方面的重视程度明显不足。实际上，肉牛养殖废弃物与其他畜禽养殖废弃物的理化性质迥异，且废弃物排泄系数较大。为切实推进乡村绿色发展，保障乡村振兴，全面实现农业强、农村美、农民富，尤其需要提前谋划并高度重视肉牛养殖废弃物资源化利用问题，及早构建肉牛养殖废弃物资源化利用可持续发展机制。

本书首先基于畜禽养殖宏观统计数据，从时间和空间两个维度科学评估我国肉牛养殖废弃物产生量、资源价值量以及造成的资源环境压力；其次，对当前我国肉牛养殖废弃物资源化利用模式进行划分，并基于典型案例剖析不同模式产生的动因、发展的优劣势、运行的机制以及推广普及的条件；再次，利用肉牛养殖场（户）调研数据，运用结构方程模型、似不相关回归模型、中介效应模型分别从养殖场（户）意愿与行为两个方面分析肉牛养殖场（户）养殖废弃物资源化利用决策的驱动因素；最后，从政府规制的视角探究政府介入肉牛养殖场（户）养殖废弃物资源化利用行为的方式及效果。得出的主要结论如下：

（1）改革开放 40 多年，我国肉牛养殖产生的粪、尿、化学需氧量、全氮、全磷等废弃物/污染物总体呈增长趋势。当前，西南和西北地区肉牛养殖废弃物或污染物产生量的贡献率在波动中上升，中南地区的贡献率稳中有降，华北、东北和华东地区则趋于下降。牧区是肉牛养殖废弃物或污染物的主要来源地。肉牛养殖废弃物能源化、肥料化价值潜力巨大，但是目前总体开发利用不足。从全国层面来看，畜禽养殖全氮、全磷土地承载力形势比较乐观，但是部分省（市、区）存在环境污染风险，甚至处于环境风险预警Ⅴ级，其中肉牛养殖对全氮、全磷土地承载力的平均贡献率分别为19.6%和13.5%，是畜禽养殖污染的主要来源之一。

（2）在环保压力、利益驱使以及政策引导下，肉牛养殖废弃物资源化利用在实践中形成了肥料化模式、基质化模式和能源化模式三种模式。三种模式的核心运行机制是市场化运行，其关键在于保障养殖废弃物资源化利用产业链畅通，如产前的原料供应、产中的技术运用、产后的产品销售等。肉牛养殖规模、投资需求、技术含量、设施设备的资产专用性等决定着不同模式的普适性强弱，也构成了不同模式推广的要件。未来肉牛养殖废弃物多重资源化利用以及第三方主体参与将会愈加重要，养殖废弃物资源化利用还将与农村人居环境整治紧密结合，助力农村人居环境整治与乡村振兴。

（3）肉牛养殖场（户）行为态度、主观规范以及认知行为控制对其养殖废弃物资源化利用意愿具有显著正向影响，其中行为态度的影响作用最大，其余依次为认知行为控制、主观规范。肉牛养殖场（户）对养殖废弃物资源化利用各效应的行为态度相当，主动或被动地考虑养殖废弃物资源化利用的经济效益、社会效益以及生态效益。来自政府层面的压力是肉牛养殖场（户）主观规范的重要来源，村干部和乡邻层面压力的贡献相对较小。时间或劳动力禀赋以及经济实力是肉牛养殖场（户）养殖废弃物资源化利用的核心制约因素，技能掌握的约束相对较小。

（4）当前肉牛养殖废弃物资源化利用以自用和赠送为主，销售比例较低；肉牛养殖场（户）负责人性别、是否为村干部、文化程度、身体健康状况、是否从事农业种植、是否转入土地、当地地形、养殖场位置、周边种植户使用牛粪的积极性、养殖是否具有辐射带动作用、养殖规模、是否有养殖废弃物处理设施以及养殖场（户）认知等对养殖废弃物资源化利用模式选择具有显著影响，但该影响在养殖废弃物赠送、销售以及自用三种模式之间存在差异。种植规模和养殖规模是影响养殖场（户）养殖废弃物资源化利用模式选择的核心因素，二者决定着种养结合的实现方式。周边种植户使用牛粪的积极性是影响三种养殖废弃物资源化利用模式选择的本质因素，肉牛养殖废弃物资源化利用的外在需求拉动性较强。

（5）政策认知对肉牛养殖场（户）养殖废弃物资源化利用投资多元化以及投资力度均具有显著正向影响，行为合作与土地流转是政策认知影响养殖废弃物资源化利用投资的重要中间传导机制，二者发挥中介效应的侧重点分别体现在养殖废弃物资源化利用投资的质与量上。具体而言，政策认知通过土地流转主要促进养殖废弃物资源化利用设施设备配套普及，而通过行为合作主要促进养殖废弃物资源化利用设施设备提档升级。综合情况下，行为合作与土地流转发挥投资激励的中介效应程度相当。养殖场（户）负责人文化程度、养殖废弃物处理中是否有困难、养殖规模以及收入认知对肉牛养殖废弃物资源化利用投资也具有显著的促进作用。

（6）政府针对肉牛等畜禽养殖出台的相关经济激励型和命令强制型政策均能有效促进肉牛养殖场（户）养殖废弃物资源化利用，其中命令强制型政策的边际效应高于经济激励型政策。经济激励型政策和命令强制型政策并非孤立地发挥养殖废弃物资源化利用激励促进作用，二者之间存在正向交互影响，同时实施两类政策措施能够发挥出“1＋1＞2”的政策效能，表现出典型的范围经济效应。

本书是李乾博士和王玉斌教授在国家社会科学基金项目“肉牛养殖废弃物资源化利用模式选择、利益分配与政策设计研究”（编号：18BJY133）的资助下完成的，也是该项目的部分研究成果。本书作为养殖废弃物资源化利用众多研究成果之一，希望对相关学术研究、业界实践以及政策制定等有所裨益。

本书难免存在一些不足，恳请广大读者批评指正。

作 者

2021 年 5 月

目　录

第一章

绪 论

第一节 选题背景与研究意义

一、选题背景

农业面源污染是制约农业农村现代化发展的短板。现代农业的快速发展在对国民经济发展做出重大贡献的同时，也加剧了环境污染程度。据《第一次全国污染源普查公报》（简称《污染公报》）显示，农业排放的化学需氧量（COD）、氮（N）、磷（P）分别高达 1 324.09 万 t、270.46 万 t 和 228.47 万 t，占全国所有污染物排放的 COD、N、P 的 43.7%、57.2%和 65.7%。农业已经成为我国环境的主要污染源。在农业污染源中，畜禽养殖污染物所占比重最大。《污染公报》数据显示，畜禽养殖排放的 COD、N、P 分别占相应农业污染物总排放量的 95.8%、37.9%和 56.3%。而且，当前我国每年生产肉蛋奶 1.5 亿多 t，产生畜禽粪污约 38 亿 t，其中 40%未能有效处理和利用，给周边环境和居民生活带来不利的影响（农业部，2017）。畜禽养殖成为农业面源污染的重要来源，养殖废弃物处理及污染防治成为畜牧业高质量发展的短板。

随着我国畜禽养殖业向高度集约化、专业化、区域化方向发展，其所导致的环境污染呈现总量增加、程度加剧、范围扩大的趋势（宾幕容，2018）。2017 年，我国畜禽养殖规模化率达 58%左右，规模养殖成为畜禽养殖业发展的主要方向。畜禽养殖集中度的提高改变了畜禽养殖废弃物的地理空间分布，增加了废弃物处理难度。此外，现代农业生产、经营体系的转变也在一定程度上加剧了养殖业与种植业的分离，传统种养结合的基础被打破，以往畜禽养殖废弃物直接还田的处理措施逐渐失效，且暴露出一系列问题，迫切需要转变畜禽养殖废弃物处理或利用方式。

既有实践表明，资源化利用是破解这一难题的重要途径和必然趋势，也是畜禽养殖业绿色高质量发展的必然要求。中央 1 号文件连续 6 年指出要推进畜禽粪污等废弃物资源化利用。2017 年，国务院办公厅印发《关于加快推进畜禽养殖废弃物资源化利用的意见》（国办发〔2017〕48 号），这是我国畜牧业发展史上第一个针对畜禽养殖废弃物处理和利用的指导性文件，重点强调畜禽养殖废弃物的资源化利用；2018年起，国家整合、优化相关中央投资专项，重点支持畜牧大县整县推进畜禽粪污资源化利用基础设施建设；2019年中央1号文件更是提出实现畜牧养殖大县粪污资源化利用整县治理全覆盖。农业农村部办公厅和生态环境办公厅还联合出台了《关于促进畜禽粪污还田利用依法加强养殖污染治理的指导意见》（农办牧〔2019〕84号），要求到2025年和2035年，全国畜禽粪污综合利用率分别达到80%和90%，通过资源化利用充分提取并安全有效利用畜禽养殖废弃物的资源价值，综合实现畜禽养殖废弃物的生态价值与经济价值。养殖废弃物资源化利用治理的主体要求由单一养殖主体向整县养殖主体转变，治理工作向纵深推进，凸显出当前养殖废弃物资源化利用的重要性和紧迫性。作为养殖废弃物治理的第一责任人，养殖场（户）是否愿意进行养殖废弃物资源化利用？其参与养殖废弃物资源化利用的行为决策是什么？政府应该如何有效介入养殖场（户）养殖废弃物资源化利用行为？这些问题亟待研究。

畜禽养殖污染已引起国内外学者的关注。研究者从畜禽养殖废弃物排放量、危害、处理或利用模式、处理或利用技术、利用的成本收益、养殖场（户）与政府参与行为等方面进行了深入分析（张晓恒等，2015；Fischer等，2006；朱宁和马骥，2014；Topp等，2009；Opio等，2012；徐志刚等，2016；陈菲菲等，2017；宾幕容等，2016；乔娟和舒畅，2017），研究对象主要以奶牛、生猪、蛋鸡为主（董晓霞等，2015；Jeon等，2015；舒畅等，2016；Pan，2016；Tancuk等，2019），鲜有研究单独聚焦肉牛养殖废弃物。从研究方法来看，实证研究主要体现在养殖场（户）参与养殖废弃物处理意愿和行为方面，以Logit模型、Probit模型为主，少数学者采用条件价值评估法（CVM）研究养殖场（户）参与养殖废弃物资源化利用的受偿期望、支付意愿等（Norwood等，2005；姚文捷，2016；He等，2016；王克俭和张岳恒，2016；王建华等，2019a）；定性分析主要关注畜禽养殖废弃物处理或利用模式以及存在问题（孟祥海等，2012；Pierre，2006；舒畅等，2019），对不同处理或利用模式产生动因、运行机制、推广普及等缺乏深入理论分析。总体来说，学术界对肉牛养殖废弃物资源化利用的研究尚显不足。

二、研究意义

畜禽养殖废弃物资源化利用关系到畜禽产品的有效供给、农村居民生活环境的改善以及养殖主体收入水平的提高，契合了乡村振兴战略中“产业兴旺、生态宜居、乡风文明、治理有效、生活富裕”的总体要求，是补齐畜禽养殖业高质量发展短板的重要抓手，也是大力推进畜禽养殖业供给侧结构性改革的题中应有之义，因此研究畜禽养殖废弃物资源化利用具有重要的现实意义。

本研究拟选取畜禽养殖废弃物产生中贡献程度较大，而已有研究较少涉及的肉牛作为研究对象，探究肉牛养殖场（户）养殖废弃物资源化利用行为及政府规制。一方面，从理论研究层面弥补关于肉牛养殖废弃物资源化利用研究的不足，丰富相关研究成果；另一方面，基于实地调研，通过理论与实证分析掌握肉牛养殖场（户）养殖废弃物资源化利用的意愿程度、行为决策，并在此基础上构建肉牛养殖场（户）养殖废弃物资源化利用行为的政府规制机制，以期对推动肉牛等畜禽养殖场（户）科学有效利用养殖废弃物、缓解畜禽养殖或农业面源污染等提供有益思考。

第二节 国内外相关研究综述

一、畜禽养殖废弃物现状研究

1. 畜禽养殖废弃物来源及污染量研究

农业废弃物是农业生产、农产品加工、畜禽养殖以及农村居民生活过程中垃圾物的总称（李敏和王海星，2012），其中畜禽养殖废弃物主要包括畜禽养殖过程中产生的畜禽粪便、污水、废饲料、病（淘）死畜禽、羽（皮）毛、兽药和疫苗的包装物等养殖副产物（Glatz，2011；朱宁和马骥，2013；朱宁，2014；舒畅，2017），其中粪便所占比重较大，废饲料主要包括发霉过期和浪费两种类型（朱宁等，2015）。在畜禽养殖废弃物中，废弃物类型及构成与畜禽种类、品种、性别、生长期、饲料、天气、区域位置等因素有关（舒朗山，

2010；Loyon，2018）。

畜禽养殖废弃物产生量的估算能够直观反映畜禽养殖污染或潜在污染问题的严重性，是已有研究的重点方向。学者们运用畜禽养殖废弃物排泄系数、年饲养量、生长周期等指标对全国、流域或省市层面畜禽养殖粪污排放量、粪污碳盈余、污染物流失量、耕地畜禽粪便污染负荷量等进行测算（Bassanino 等，2011；李娟，2012；张晓恒等，2015；徐勇峰等，2016；张晓华等，2018；冷碧滨等，2018；楚天舒等，2019）。已有研究指出，20 世纪 80 年代，我国畜禽粪便产生量仅约 6.9 亿 t（孙铁珩和宋雪英，2008），到 2015 年，畜禽粪便产生量达到 10.73 亿 t，其中牛粪产生量最多，占总量的 38.3%，其次为鸡粪，占总量的 28.1%，猪粪最少，占总量的 15.5%（蒋茜等，2018）。畜禽养殖废弃物剧增对生态环境造成潜在威胁。有研究指出，我国不同地区畜禽粪尿磷负荷量和还田量污染风险具有较大差异，但多数省份尤其是华北、长江中下游、东南地区的畜禽粪尿磷污染风险较大（刘晓永等，2019）。从发展趋势来看，经济发展水平较高和人口密度较大的东部地区，畜禽养殖业也比较发达，单位耕地面积的养殖废弃物污染也越严重（仇焕广等，2013a）。未来随着我国农村居民收入水平的提高以及人均耕地面积的下降，畜禽养殖废弃物的废弃比例还会进一步提高，对生态环境构成的压力将会更大（仇焕广等，2012a）。也有学者研究指出，基于欧盟标准，我国省域尺度下畜禽养殖废弃物全氮承载负荷均小于 0.5，畜禽粪便产生量与农田消纳量及承载负荷还有很大距离，农田消纳畜禽粪便的潜力较大，开展还田利用是安全可行的（杨世琦等，2016）。

有学者对我国未来畜禽养殖废弃物排放量进行预测。随着我国畜禽养殖业的快速扩张以及经营方式的转变，养殖废弃物污染将会更加严重。有研究表明，到 2020 年，全国畜禽粪便总排放量将比 2010 年增长 26.9%，总污染量将比 2010 年增长 31.2%，单位耕地面积的畜禽粪便污染量将比 2010 年增长 32.8%（仇焕广等，2013a）。还有学者预测结果表明，到 2020 年，畜禽粪便总排放量将以年均 2.3%的速度增长，奶牛、肉牛以及羊的粪便所占比例将会提高，猪和役畜的粪便比例有所下降，但奶牛、肉牛、羊、肉鸡、蛋鸡等的粪便产生量与总体畜禽粪便产生量均在增长，对生态环境构成的潜在压力将不断增大（林源等，2012）。从区域层面来看，到 2020 年，北京、天津、吉林、辽宁、河南、河北、广东、广西、湖南、山东、四川等11个省份的单位耕地面积氮承载负荷将突破170 kg/hm^2，达到耕地的最大氮消纳能力，土壤和水环境将面临来源于畜禽养殖的严重超负荷氮承载（杨飞等，2013）。Fischer等（2006）预测指出，到2020年，我国畜禽粪便总产量将比2007年增加37%。朱宁和马骥（2014）预测，到2020年和2030年，中国畜禽粪便产生量将分别达到28.75亿t和37.43亿t，且肉牛等畜禽品种的养殖量将会逐步超过役用及其他畜禽。由于当前没有统一的畜禽养殖废弃物排泄系数标准，排泄系数选取的差异导致不同研究估算所得的畜禽养殖废弃物产量也不相同（林源等，2012）。当然，也有部分研究因指标选取不科学导致估算结果相差较大（谢光辉等，2018），但畜禽养殖废弃物总体增加的趋势是一致的。

2. 畜禽养殖废弃物危害研究

在传统畜禽养殖业发展过程中，畜禽养殖以小规模或散养为主，畜禽养殖废弃物产生量相对较少，畜禽粪便集中收集并还田降低了对周边水体与大气的污染，而且有利于农作物生长（Topp等，2009；朱宁和马骥，2014）。但是，随着化肥对有机肥的替代以及畜禽粪便产生量的激增，大量畜禽粪便未得到合理有效的利用，甚至直接还田，对水体、大气以及土壤等造成严重污染，还会危及畜禽与人体健康（高定等，2006；Martinez等，2009；孙铁珩和宋雪英，2008；Loyon，2018），而且畜禽粪便对环境污染的威胁表现出明显的增强趋势（姚升和王光宇，2016）。

（1）畜禽养殖废弃物导致水体污染。畜禽养殖废弃物通过土壤渗入地下水中，大量病菌、病毒以及寄生虫等病原微生物进入水体（王如意等，2010；Erdal等，2012），成为水体的主要污染源（金书秦和沈贵银，2013）。已有研究指出，畜禽养殖废弃物对水体造成的污染已占总体污染的1/3以上（李静和李岩，2010），水体污染是我国畜禽养殖业发展面临的首要环境制约因素（孟祥海等，2012）。在美国，淡水系统中1/3的氮和磷均来自牲畜养殖与饲料生产，西部干旱地区河流沿岸生态系统被破坏的原因80%归因于畜禽养殖（金书秦等，2013）。从水污染负荷强度来看，鞠昌华等（2016）研究指出，2013年我国各地区单位水资源畜禽养殖COD、氨氮、总氮、总磷污染负荷均以黄淮海地区为最大，分别达到756.39 kg/万m^3、39.40 kg/万m^3、205.39 kg/万m^3

和 30.72 kg/万 m^3，地表水负荷压力远高于其他地区，负荷最小的均为青藏高原区。

（2）畜禽养殖废弃物导致大气污染。畜禽养殖过程中不仅会直接排放大量 CH_4、N_2O、CO 等温室气体，畜禽养殖废弃物在堆积过程中还会发酵分解产生硫化氢、氨气、甲烷、苯酚、挥发性有机酸等多种有害物质，散发出恶臭气味（周铁韬，2009；Kulcu，2010；Patra，2012；Smith 和 Williams，2016），甚至填埋处理的养殖废弃物也会分解产生甲烷等气体泄露到空气中（Glatz，2011），影响空气质量，甚至造成臭氧层破坏，加剧温室效应（王兆军等，2001；Opio 等，2012）。总体来看，按 CO_2 当量计算，畜禽养殖业温室气体排放量约占人类活动温室气体排放总量的 18%，已经成为全球气候变化的最大威胁（孟祥海等，2014a）。

（3）畜禽养殖废弃物导致土壤污染。畜禽粪尿中含有大量未被消化吸收的氮磷化合物、药物残留以及重金属，直接排放或还田后，与土壤中的铜、铬、铝、钙等元素结合生成不溶性复合物，滞留在土壤层，造成土壤板结、渗水透气性下降、土壤养分过剩、耕层及亚耕层的有效磷分布显著不均以及重金属元素等有害物质累积（闫波杰等，2009；Liu 等，2009；孟祥海等，2014b；李飞跃等，2019），严重影响耕地质量。而且耕地消纳畜禽养殖废弃物存在一定的阈值，超过耕地负荷会导致耕地污染。有研究表明，2013 年我国整体畜禽粪便负荷警报值达到 0.59，畜禽粪便量略超出耕地的负荷量，已经对环境构成了污染威胁（姚升和王光宇，2016）。从地区角度看，大部分地区超出了耕地对畜禽粪便量的负荷范围，造成了环境污染（姚升和王光宇，2016）。

（4）畜禽养殖废弃物导致疾病传播。畜禽养殖废弃物中的病原微生物与重金属还会通过环境污染传播疾病，对畜禽与人体健康构成潜在威胁（Pence 等，2000；李静和李岩，2010；Shah 等，2010；Fraison 等，2013），如养殖场下游水体中或施用粪污的农田中大肠杆菌超标危及人类健康（Paudel 等，2008）。而且，有研究表明，我国畜禽养殖业向土地短缺、人口密集的东部省份聚集，不仅加剧了生态环境污染，还加重了养殖废弃物污染对食品、人体健康的负面影响程度（徐伟朴等，2004）。

（5）畜禽养殖废弃物威胁产品质量安全。畜禽养殖废弃物一方面通过水体污染、土壤污染等对畜禽产品以及农作物产品质量造成影响；另一方面源于病（淘）死畜禽的违规处理。部分病（淘）死畜禽会进入消费领域，成为食品安全隐患（李晓慧等，2019a）。以病死猪为例，由于养殖户无害化处理意识淡薄、缺乏无害化处理设施、生猪保险补贴与病死猪无害化处理补贴的覆盖面小、病死猪无害化处理补贴发放效率低以及病死猪无害化处理监管体系不完善等，存在病死猪流入市场的潜在隐患（展玉琴，2013；李立清等，2014；乔娟和刘增金，2015）。

二、畜禽养殖废弃物处理或利用研究

畜禽养殖废弃物排放量增加对生态环境造成了巨大压力，直接影响生态环境安全与农产品质量安全，进而威胁城乡居民健康乃至生命安全，并严重影响中国农业可持续发展（仇焕广等，2012b；徐志刚等，2016）。但畜禽养殖废弃物同时又是一种宝贵的资源，蕴含着大量的有机物和氮、磷等营养元素，可以通过能源化、肥料化、饲料化等资源化利用手段实现“变废为宝”（刘忠和端增强，2010）。

1. 畜禽养殖废弃物处理或利用模式研究

已有研究依据不同标准对畜禽养殖废弃物处理或资源化利用模式进行归类，选取的标准不同，划分的类别也有所差异，但不同划分模式之间存在一定程度的交叉。从处理技术角度来看，分为化学方法、物理方法、生物方法以及综合处理的技术方法（Zhang 等，2005；Ki 等，2008），其中物理方法主要表现为干湿分离、过滤（林代炎等，2005），化学方法主要有通风氧化、使用添加剂等，生物方法主要是发酵、高温高压化制（Pierre，2006）。从养殖废弃物资源化利用途径来看，可分为肥料化、能源化、饲料化处理方式（朱宁，2014；李鹏，2014；舒畅，2017）。从区域内现有模式枚举来看，可分为堆肥、好氧处理、厌氧发酵以及理化处理等其他方式（Loyon，2016）。结合交易费用理论和纵向关系特点，可将畜禽粪污治理模式划分为一体化型和紧密型两类（舒畅等，2019）。在研究中最常用的分类依据是基于畜禽养殖废弃物处理或利用的具体表现形式，分为还田、销售、沼气生产、饲料生产以及废弃等（仇焕广等，2012b；黄泽颖等，2015；潘丹和孔凡斌，2015；舒畅等，2017；王建华等，2019b），其中还田利用和沼气生产是最具代表性的两种处理或利用方式。

（1）还田利用。还田仍然是当前畜禽粪便资源化利用的主要途径（Loyon，2018）。有研究指出，我国农田消纳畜禽粪便的潜力较大，进行还田利用是安全可行的，可以有效化解养殖环境污染问题（杨世琦等，2016）。但是近年来畜禽粪便还田的比例明显下降，而废弃比例明显上升（宾慕容，2018），这可能与农业生产者大量使用化肥替代有机肥以及农村劳动力成本大幅度上升有关，而且家禽粪便的废弃比例远远高于生猪，可能因为散户大多采用自由放养方式饲养家禽，粪便产生量小、收集成本较高（仇焕广等，2012a）。种养脱离的农业发展背景下，我国畜禽养殖废弃物肥料化利用除了通过自家、周边或粪污经销商以粪肥形式还田外，还可以转售给有机肥加工企业制成商品有机肥还田，即肥料化还田可以分为自家还田、赠送周边种植户和直接销售 3 种方式（张玉梅，2015；舒畅等，2016）。

（2）生产沼气。沼气生产属于厌氧消化处理，指微生物在缺氧条件下降解养殖废弃物中的有机物，产生以 CH_4 和 CO_2 为主的沼气（Nasir 等，2012），其作为一种新型的畜禽粪便资源化利用方式逐渐得到重视。在法国，政府希望扩大养殖废弃物用于沼气生产的比例，以实现欧洲 20%的能源来自可再生能源的目标，但是面临沼渣、沼液用作肥料必须登记或规范化使用的限制（Loyon，2016）；在中国，畜禽粪便用于沼气生产的比例在 2005—2010 年间增长较快，这可能与中国过去几年一直大力推广沼气工程有关（仇焕广等，2012a）。还有学者对畜禽养殖废弃物沼气生产的潜力、经济效益、生态效益以及减排效果等进行了研究（Chen 等，2010；Massé 等，2011；涂国平和冷碧滨，2013；张昌爱等，2014；Mathias，2014；Sefeedpari 等，2019）。

畜禽养殖废弃物处理或资源化利用模式会因养殖规模不同而呈现出差异化。以生猪为例，大规模生猪养殖户废弃物处理或资源化利用模式有自然“稳定塘处理模式”“厌氧生物处理模式”和“厌氧－好氧生物处理模式”3 类，中规模养殖户有“户用沼气池”“大型沼气池”“大型沼气池＋沉淀池”3 类处理模式，小规模养殖户有“零处理，直接排放”“部分处理，再排放”“处理加储存”3 类处理模式（陈菲菲等，2017）。畜禽养殖规模也是养殖粪便肥料化还田组织模式选择的重要决定因素，规模大的养殖主体选择直接销售的较多，自用比例较小，规模小的散户多采用自用或无偿赠予周边农户的方式（舒畅等，2016）。此外，畜禽粪便处理方式在区域间也存在较大差异（Loyon，2018），这可能与经济发展水平有关，经济发展水平高，劳动力成本也高，农户倾向于将更多的劳动力配置到非农领域，导致畜禽粪便废弃比例较高（仇焕广等，2012a）。畜禽养殖废弃物性状以及养分含量的差异也会对畜禽养殖废弃物处理方式产生影响（王方浩等，2006），如固体畜禽养殖废弃物的处理方式主要有干式、湿式两种。干式主要是对固体废弃物进行堆积以及熟化处理，变为可直接还田利用的肥料；湿式主要是投入沼气池进行厌氧发酵以及分解，达到无害化处理的效果。污水处理的情况则较为复杂，处理的方式也更为多样化（胡向东等，2014）。

畜禽尸体是一种特殊的畜禽养殖废弃物。2014 年，国务院办公厅《关于建立病死畜禽无害化处理机制的意见》（国办发〔2014〕47 号）呼吁养殖场（户）优先采用化制、发酵等养殖废弃物资源化处理方式，病（淘）死畜禽资源化利用将是养殖场（户）处理畜禽尸体的重要途径与方向（乔娟和舒畅，2017）。也有学者对比分析畜禽尸体其他处理方式的优劣，深埋成本低、便利，但极易导致土壤与水体污染；焚烧存在燃烧不充分引致空气与细菌污染的风险；高温高压化制和干尸井在环保方面效果显著，是废弃物资源化利用的重要前提；生物发酵、交给动物检疫部门是收集病死畜禽并加工成可再生资源的新型方式，成本偏高但能满足环保要求（远德龙和宋春阳，2013）。总体来看，相关研究主要以病死猪为研究对象，研究内容包括处理现状分析（乔娟和刘增金，2015；张振玲，2019）、处理模式选择（张雅燕，2013；李晓慧等，2019b）、处理风险识别（王建华等，2016）等。

2. 畜禽养殖废弃物处理或利用的成本收益研究

畜禽养殖废弃物是一种良好的可再生资源，蕴藏着大量的能量和养分，如果加以资源化利用，不仅可以有效遏制农村生态环境恶化的趋势，还能带来可观的经济效益（闫波杰等，2010）。处理好畜禽养殖废弃物、加强养殖废弃物综合利用是提高养殖场生产经营效益的有效途径之一（朱宁等，2015）。目前已有相关研究主要从工程经济或技术经济的视角对养殖废弃物资源化利用的某个流程或具体工程进行技术经济分析，评估相关处理措施的经济可行性（马永喜和王颖，2014）。多数学者研究表明，在适宜的运输距离内，使用粪肥的费用将低于使用化肥，农户使用粪肥具有经济可行性（曾悦等，2004；Materechera，2010；褚彩虹等，2012），而且养殖废弃物堆肥发酵成本相对是最低的（Sefeedpari 等，2019）。也有不少学者持相反态度，认为有机粪肥施用的附加成本高，而且其养分含量低，导致粪肥施用的总成本大于化肥，经济可行性较差（Smith 等，2006；刘洪涛等，2010）。尽管沼气工程投资成本高，但政府一般对可再生能源项目有高额补贴，使其仍然具有较好的盈利性，发展前景良好（Sefeedpari 等，2019）。因此，有研究指出，在当前可以选择的污染防控手段中，能源化（沼气）利用在经济效益与环境效益层面效率最高（Chinh，2005；马荣华等，2008）。但是，还有一些学者基于成本收益分析法研究发现，养殖主体建设沼气工程的市场化能力较弱，商业化推广沼气工程基本不可行（华永新和朱建平，2004；王晓霞等，2004）。而且在养殖污染防治中沼气利用技术的经济可行性差，仅采用该技术并不能取得良好的效益，但是规模化以及综合性的养殖污染防治工程可获得较好的综合效益（张昌爱等，2014）。总体而言，畜禽养殖废弃物处理或资源化利用的成本收益研究主要基于典型案例或某一具体模式，多采用生命周期评估法（Life Cycle Assessment），相关研究较为丰富且聚焦于厌氧发酵处理模式（Wresta 等，2015；Calise 等，2015；Yalcinkaya，2019；Caruana，2019）。

3. 畜禽养殖废弃物处理或利用的技术研究

畜禽养殖废弃物处理或资源化利用的核心在于技术，这也是已有研究的重点所在，从偏向于生物学的技术层面介绍不同养殖废弃物处理或资源化利用方法的原理及效果。对于养殖废弃物处理或资源化利用，常用的技术方法有干燥法、堆肥处理、厌氧发酵处理（张树清等，2006；Thu 等，2012；李淑芹和胡玖坤，2013；Abdoli 等，2014）；对于养殖废水，常用的无害化处理技术有厌氧和好氧处理技术、生态湿地处理技术、兼氧膜生物反应器技术（Obaja 等，2003；廖志民等，2013；陈重军等，2014）。还有学者借鉴各类畜禽养殖废弃物无害化处理技术经验，提出畜禽养殖废弃物综合处理技术方法，并对未来畜禽养殖废弃物资源化利用技术进行展望（李文哲等，2013；王毅琦等，2016）。由于本研究聚焦于养殖废弃物资源化利用的经济分析范畴，相关技术研究不做过多综述分析。

三、畜禽养殖废弃物处理或利用的主体行为研究

如上各种畜禽养殖废弃物处理或资源化利用模式均是养殖主体行为决策的结果，这些选择决策可能同时发生且互为依赖，养殖主体在不同养殖废弃物资源化利用方式之间的选择行为可能存在一定的替代效应或互补效应（舒畅等，2017）。已有研究尤为关注畜禽养殖主体废弃物处理意愿以及处理行为选择，多采用二元或多元 Logit 模型、Probit 模型、多变量 Probit 模型、结构方程模型等实证研究方法分析养殖主体行为决策的驱动因素（李后建，2012；冯淑怡等，2013；邬兰娅等，2014；张郁等，2015；潘丹和孔凡斌，2015；He 等，2016；于婷和于法稳，2019）。

1. 养殖主体行为选择方式研究

围绕养殖环境相关问题，养殖主体存在如下行为选择：养殖新技术采纳（刘雪芬，2013；宾幕容和文孔亮，2017；李博伟和徐翔，2018）；废弃物资源化的纵向关系选择（舒畅等，2017）；兽药减量化或安全兽药使用（Dang 等，2013；何坪华和毛成兴，2018；刘铮等，2019）；废弃物资源化利用（蒋磊等，2014；蒋琳莉等，2014；夏佳奇等，2019）；养殖场环境投资（虞祎等，2012；杨皓天和马骥，2019）等，这些行为决策在很大程度上受到一系列共同因素的影响。

2. 养殖主体废弃物处理或利用行为的影响因素研究

（1）受环境规制措施的影响。环境资源的公共物品属性和畜禽养殖污染及其控制的显著外部性特征，使得政府成为控制畜禽养殖污染最基本也是最重要的主体（宾幕容和周发明，2017）。政府主要通过命令强制型与经济激励型政策措施对养殖废弃物处理行为进行干预（李乾和王玉斌，2018）。已有研究表明，环保部门的监管压力、环境污染治理政策、村委会改善环境的计划、村规民约、政府补贴等外在制度环境条件都会对畜禽养殖主体行为产生影响（Colman，1994；彭新宇和张陆彪，2006；张晖等，2011；夏佳奇等，2019；乔娟和张诩，2019）。监管力度也会对畜禽养殖主体废弃物处理行为产生影响（陈菲菲等，2017），但监管力度存在两个极端，一是严厉惩罚措施，二是补贴支持措施。监督力度对畜禽养殖主体行为的影响也体现了两种相反政策工

具作用效果的差异。有研究指出，成文的垃圾管理规章制度虽然不能提高畜禽养殖户将畜禽粪便还田的比例，但能有效降低养殖废弃物废弃的可能性，相对于引导养殖主体减少畜禽粪便污染的环境改善计划，强制性规章制度对减少畜禽粪便废弃更有效（仇焕广等，2012a）。但也有学者认为我国现有的畜禽养殖污染防治政策原则性规定较多，可操作性规定较少，限制性政策较多，经济激励性政策较少，环境政策制定实施缺乏整体性和配套性（仇焕广等，2013b；李冉等，2015）。政府引导和宣传对养殖废弃物废弃行为的抑制作用显著，而政府管制措施没有表现出显著影响（徐志刚等，2016）。政策效果迥异的可能原因在于，诱致性制度变迁比强制性制度变迁更高效（蔡立雄和何炼成，2007），即在乡村社会关系结构下，相较于政府介入管制的强制性制度变迁，由农户自身对环境问题认知加深而诱致的农村环境治理制度变迁或许更有效率、更切实可行（赵连阁等，2016；徐志刚等，2016）。

（2）受个人或家庭特征的影响。个人或家庭特征包括养殖主体的个人基本特征、家庭基本特征以及生产经营特征。已有研究表明，养殖主体性别、年龄、受教育年限、家庭人均纯收入、人均播种面积、非农劳动力比例、养殖年限、养殖规模等会对养殖主体参与养殖废弃物资源化利用意愿或行为等决策产生影响，其中养殖规模的重要性得到学者们的一致认同（Paudel 等，2008；潘丹和孔凡斌，2015；He 等，2016；陈菲菲等，2017；舒畅等，2017；虞祎等，2012；于潇和郑逸芳，2013；宾幕容等，2016），但是养殖规模对不同养殖废弃物处理或利用方式的影响各异。以生猪养殖为例，有研究发现，生猪粪便废弃比例和还田比例随着养殖规模扩张而下降，用于沼气生产、作为水产饲料等其他循环利用方式的比例则随着养殖规模扩张而上升（仇焕广等，2012a）。具体来说，生猪养殖规模对养殖粪污丢弃、还田具有显著负向影响，而对沼气生产、粪污出售以及有机肥生产具有显著正向影响（孔凡斌等，2016；潘丹和孔凡斌，2015）。同样以生猪养殖为研究对象，舒畅等（2017）的研究也证实了养殖规模对粪污自家还田具有显著负向影响，但是发现养殖规模对粪污赠送给周边种植户、销售给周边种植户、销售给粪污经销商等渠道选择没有显著影响。还有学者对声誉诉求、道德责任、风险感知等心理因素的作用进行研究（徐志刚等，2016；张郁和易江华，2016；乔娟和张诩，2019；林丽梅等，2018；林丽梅和韩雅清，2019），基于扎根理论、计划行为理论等探究心理因素对养殖主体养殖废弃物处理或资源化利用决策的影响，而且心理因素的重要性愈加引起学者们的关注。

（3）受外部社会条件的影响。外部社会条件主要包括外在经济发展条件和自然环境条件。已有研究表明，养殖场周边人口密度、村内企业多寡、距离居民区距离、距离乡镇政府所在地距离、距离县城的距离、贷款难易程度、非农就业机会等外部社会条件也会对养殖主体养殖废弃物资源化利用意愿或行为等决策产生影响（仇焕广等，2012b；钟太洋等，2011；冯淑怡等，2013；司瑞石等，2020；等）。这些因素直接或间接地影响养殖废弃物处理或资源化利用的成本收益，通过利益驱动影响养殖主体行为决策。因为，农户畜禽养殖废弃物循环利用行为主要取决于成本收益的比较（潘丹和孔凡斌，2018）。成本收益衡量着养殖废弃物处理或资源化利用的经济可行性，其中成本项主要包括设备折旧、人工成本、能源成本，收益项主要包括肥料化收益、直接销售收入、节约能源收益、能源化产品销售收入、实物和资金补贴（曹利平等，2008；陈菲菲等，2017）。

养殖主体养殖废弃物处理或资源化利用行为决策是多种因素综合作用的结果，除上述因素外，还会受到养殖废弃物污染物含量、处理的运输距离、有无病死畜禽地下交易市场、周边群众舆论等其他因素的影响（李立清和许荣，2014；舒畅等，2016；赵俊伟等，2019）。

四、畜禽养殖废弃物处理或利用中政府行为的研究

鉴于畜禽养殖废弃物的外部性特征，养殖废弃物处理或资源化利用需要政府的适时参与，一方面对养殖主体处理养殖废弃物行为给予严格的规范和监管；另一方面要对养殖主体废弃物无害化及资源化处理行为给予扶持和鼓励（乔娟和舒畅，2017），这是已有研究中关于政府行为研究的焦点所在。从具体研究范式来看，主要体现在如下两个方面：

（1）根据理论分析发现的问题以及得出的结论，从政府层面提出对策建议。这类研究目前较多，但对政府行为的研究不够深入，表现为“现状、问题、对策”的研究范式，政府行为分析基于对畜禽养殖废弃物现状、问题的具体分析。该类研究提出了一系列具有共性的政策建议，如加大政府支持力

度，包括对养殖户等利益相关主体进行补贴，具体又包括畜禽养殖废弃物资源化利用设施建设补贴，有机肥生产、运输补贴，购买有机肥补贴，税收优惠等（刘晨峰等，2015），即通过产业政策、财税政策、价格政策、补偿机制等多种方式，引导养殖主体不断加大治污投入力度（欧阳艳等，2011）；加强体制机制建设，如对饲养规模较大的养殖主体建立档案制度，建立粪肥供需信息发布平台和粪肥交易市场，完善畜禽养殖业的相关立法，有效监督畜禽专业化养殖主体的排污行为等（仇焕广等，2012a；仇焕广等，2013a；刘晨峰等，2015）。此外，通过引导和宣传诱致养殖主体自觉践行亲环境行为，强化个体声誉效用和社会责任意识可以成为乡村环境治理相关法律以及公共管理制度建设的重要补充（徐志刚等，2016）。总体来说，上述对畜禽养殖废弃物处理中政府行为的研究主要围绕如何做好监管和扶持展开，根据不同的分析问题、内容等提出具体的对策建议。

（2）围绕政府的职能角色等研究畜禽养殖废弃物处理或资源化利用问题，有针对性地研究政府行为。目前该类研究相对较少，主要体现在：①理论研究层面，从既有实践或政策本身着手阐述、论证政府环境规制的方式及效果等，且对政府环境规制行为的有效性予以一致性肯定，同时也揭示出既有政策存在的不足（李冉等，2015；袁平和朱立志，2015；姚文捷，2016），政策的实际绩效并没有完全达到预期效果（潘丹和孔凡斌，2018），养殖主体对相关政策法规的认知程度较低，也在一定程度上弱化了相关政策措施的执行效果（杨慧芳，2013）。②实证研究层面，专门研究某一环境规制政策对养殖行为的影响，如司瑞石（2019）等从命令型规制、激励型规制、引导型规制和自愿型规制 4 个维度刻画政府环境规制，并在拓展决策分析法的基础上，探讨环境规制对养殖户废弃物资源化处理行为的影响；抑或在研究影响养殖主体行为的一揽子因素中引入环境政策变量，该情形较为常见，但对环境政策的关注或分析略微不足，甚至被忽视。总体来看，相关实证研究选取不同的政策代理变量检验政府不同环境规制措施的有效性。环境规制政策通常被划分为监管约束型和经济激励型两类（张郁和江易华，2016；李乾和王玉斌，2018）。在具体实证分析时，监管约束政策一般选取有无环保部门监管（张旭吟等，2014）、村镇是否有村容管理规章（宾幕容等，2016）、村里是否对污染有相应的惩罚（徐志刚等，2016）等来衡量，经济激励政策通常选取有无政府补贴（虞祎等，2012）、技术培训与否（潘丹和孔凡斌，2015）、政策受惠程度（张郁和江易华，2016）等来衡量，研究结果相比理论研究更具多样化，并没有得出一致性结论，甚至部分研究结论相左。当然，研究结论的差异通常主要源于样本的差异（Han 等，2018）。

五、文献评述

综观既有研究，学术界已经从畜禽养殖废弃物产生现状、利用模式、处理技术、养殖主体或其他主体参与养殖废弃物处理的意愿及行为、政府参与畜禽养殖废弃物治理等方面进行了深入研究，形成了较为丰富的研究成果，且有关农户行为决策的研究方法日臻成熟、多样化，这些都为本研究的开展提供了可借鉴的理论及方法。但已有研究也存在如下几点不足：

（1）研究对象方面。已有研究主要以畜牧业全局或生猪、蛋鸡、奶牛为研究对象，而畜牧业中养殖规模较大、废弃物产生量较快且较多的肉牛则少有（单独）研究，本研究拟选取肉牛作为研究对象，对肉牛养殖场（户）养殖废弃物资源化利用意愿、行为以及政府规制进行深入研究。

（2）利用模式方面。现有研究侧重于对畜禽养殖废弃物资源化利用模式划分，但缺乏对不同利用模式的理论对比分析，典型案例分析也缺乏理论深度，而且鲜有研究从养殖废弃物资源化利用主体或资源化产品去向视角展开，这也是本研究拟开展的工作之一以及可能的创新之处。

（3）政府行为方面。关于政府介入畜禽养殖场（户）养殖废弃物资源化利用行为的研究主要停留在“现状、问题、对策”的研究范式层面，缺乏针对政府介入行为的深入性理论分析以及实证研究。本研究拟运用博弈论方法将政府和养殖场（户）纳入同一个理论分析框架中，从惩罚和补贴两个维度进行综合博弈分析并予以实证检验，以期厘清政府行为边界及方式。

第三节 相关概念界定

1. 肉牛养殖废弃物

肉牛养殖过程中会产生粪便、污水、病死牛或淘死牛、废饲料等废弃物，本研究中肉牛养殖废弃物仅指肉牛粪便。

2. 废弃物资源化利用

本研究中肉牛养殖废弃物资源化利用指肉牛粪便被直接还田或生产有机肥、生产沼气、作为菌类生产基质等，运用适当的技术挖掘并利用肉牛粪便的资源价值，实现变废为宝。

3. 废弃物资源化利用模式

借鉴舒畅（2017）等的研究，本研究从两个视角对肉牛养殖废弃物资源化利用模式进行划分，一是基于养殖废弃物资源化利用途径视角，划分为肥料化模式（简单堆肥还田或加工有机肥）、基质化模式（作为种植或养殖的基质）、能源化模式（生产沼气）3 类；二是基于养殖废弃物资源化利用产品去向视角，划分为自用、赠送和销售 3 类。

第四节　研究目标与思路

一、研究目标

本研究的总目标是：通过对肉牛养殖场（户）的实地调查和有关行业统计数据的分析，掌握我国肉牛养殖废弃物产量分布以及资源化利用现状，明晰不同养殖废弃物资源化利用模式的产生动因、发展优劣势、运行机制以及推广普及条件，识别养殖主体参与养殖废弃物资源化利用的意愿及行为特征，并构建肉牛养殖废弃物资源化利用的政府规制机制。

具体目标是：

①评估我国肉牛养殖废弃物产生量、资源价值量以及环境承载力；

②明晰我国肉牛养殖废弃物资源化利用模式特征及推广普及要件；

③识别肉牛养殖主体废弃物资源化利用的意愿动因以及行为特征；

④理清政府介入肉牛养殖废弃物资源化利用的行为边界以及效果。

二、研究思路

本研究在全面掌握我国肉牛养殖废弃物产生现状、对环境影响以及当前利用模式的基础之上，以肉牛养殖场（户）为研究对象，聚焦其参与养殖废弃物资源化利用的意愿及行为，最终落脚于政府如何有效介入肉牛养殖场（户）养殖废弃物资源化利用行为，从而促进养殖场（户）积极参与养殖废弃物资源化利用，破解肉牛养殖面临的环境难题。技术路线如图 1-1 所示。

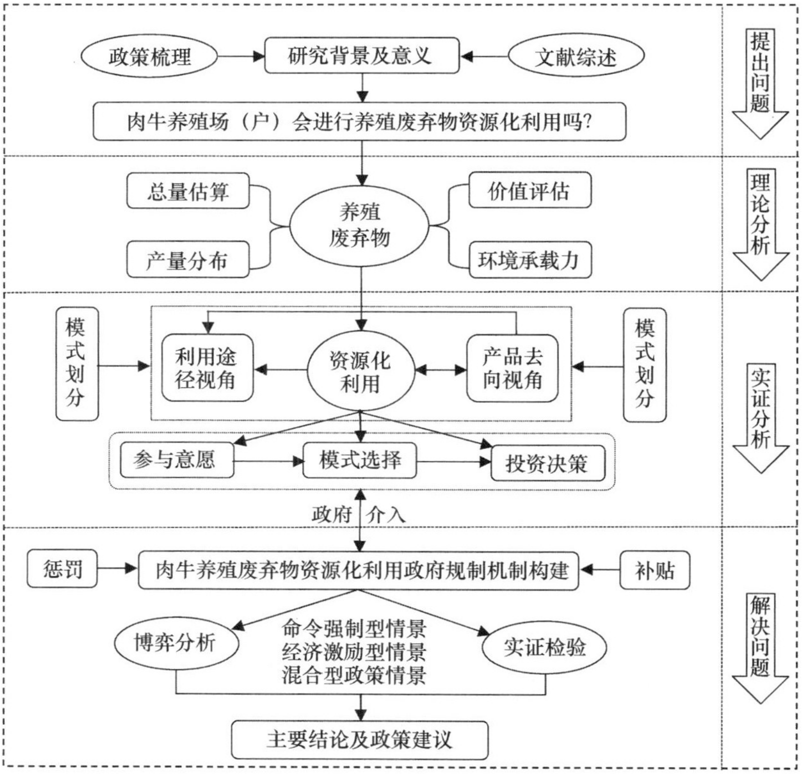

图 1-1 技术路线图

第五节　研究内容与方法

一、研究内容

围绕本研究的总目标和具体目标，主要开展以下五个方面研究：

（1）肉牛养殖废弃物总量估算与价值评估。根据肉牛存栏量、排泄系数、饲养周期等指标估算我国肉牛养殖废弃物/污染物产生量以及区域分布，客观评价我国肉牛养殖废弃物/污染物产生现状，并据此评估肉牛养殖废弃物的资源价值潜力，最后基于土地养分供需平衡从畜禽养殖业全局视角测算养殖污染物土地承载力以及肉牛养殖在其中的贡献。

（2）肉牛养殖废弃物资源化利用典型模式。基于实地调研，归纳总结实践中我国肉牛养殖废弃物资源化利用的典型模式，并选取典型案例剖析各种模式产生的动因、发展的优劣势、运行的机理以及推广普及的条件等，以期总结出可复制推广的经验做法。

（3）肉牛养殖废弃物资源化利用意愿分析。基于计划行为理论（TPB），从行为态度、主观规范和认知行为控制3个层面构建肉牛养殖场（户）参与养殖废弃物资源化利用意愿的理论分析框架，并基于实地调研，运用结构方程模型（SEM）实证探究养殖场（户）参与养殖废弃物资源化利用意愿的驱动因素。

（4）肉牛养殖废弃物资源化利用行为分析。一方面运用有约束的似不相关回归（SUR）模型，从养殖场（户）负责人特征、家庭基本特征、外部环境特征、养殖经营特征以及个体认知特征5个方面实证探究肉牛养殖场（户）养殖废弃物资源化利用模式选择的决定因素；另一方面基于政策认知视角，构建肉牛养殖场（户）养殖废弃物资源化利用投资决策的理论分析框架，采用多重中介效应模型探究养殖场（户）投资决策的影响因素。

（5）肉牛养殖废弃物资源化利用的政府规制。分别构建命令强制型政策、经济激励型政策和混合型政策情景下政府与肉牛养殖场（户）之间的动态博弈分析框架，求解不同政策情景下的纳什均衡解，并进行对比分析，理论探究政府不同规制措施的有效性；基于调研数据，构建模型实证检验政府不同环境规制措施的效果差异，为政府部门实施更加有效的养殖废弃物资源化利用规制措施提供有益思考。

二、研究方法

（1）案例研究法。案例研究比较适用于：①主要问题为“怎么样”“为什么”；②研究者几乎无法控制研究对象；③研究的重点是当前现实现象3种情形（罗伯特·K. 殷，2018），通过典型案例研究能够较为直观地反映事情的现实表征与内在机理，便于问题的挖掘以及进一步深入分析。本研究属于第三种情形，研究当前肉牛养殖废弃物资源化利用现状，拟对肉牛养殖场（户）、养殖场（户）周边居民、政府畜牧部门工作人员等进行实地调研、访谈，获取案例分析资料。具体在肉牛养殖废弃物资源化利用典型模式研究中，将主要采用多案例联合分析法，对当前实践中存在的肉牛养殖废弃物资源化利用模式进行归纳总结、分类比较。

（2）实证研究法。本研究的核心章节将主要依托实证研究法完成。在肉牛养殖场（户）养殖废弃物资源化利用意愿分析时，采用结构方程模型；在肉牛养殖场（户）养殖废弃物资源化利用模式选择分析时，采用有约束的似不相关回归（SUR）模型；在肉牛养殖场（户）养殖废弃物资源化利用投资决策分析时，采用多重中介效应模型、Tobit模型、计数模型、二元Probit模型、多元有序Probit模型；在肉牛养殖废弃物资源化利用政府规制分析时，采用二元Probit模型。各研究方法将在具体章节中做详细介绍，此处不再赘述。

（3）博弈分析法。在肉牛养殖废弃物资源化利用政府规制分析时，本研究拟采用博弈分析法，分别构建命令强制型政策、经济激励型政策和混合型政策情景下政府与养殖场（户）之间的动态博弈分析框架，政府的策略包括惩罚与否、补贴与否，肉牛养殖场（户）的策略为养殖废弃物资源化利用与否，求解不同政策情景下的纳什均衡解，为后续肉牛养殖废弃物资源化利用的政府规制方式选择奠定理论基础。

除如上主要研究方法外，本研究还会采用文献分析法、描述性统计分析法、对比分析法、规范分析法等研究方法，而且这些方法将会交叉运用、贯穿于整个研究，与如上案例研究法、实证研究法以及博弈分析法一起支撑本研究。

第六节　可能的创新之处

一、研究对象方面

本研究选择肉牛作为研究对象，肉牛的日排泄系数高、废弃物产生量大，造成的潜在环境压力大，但是已有相关研究主要聚焦于生猪、蛋鸡、奶牛等，鲜有研究关注肉牛养殖废弃物资源化利用，而且肉牛属于草食性动物，养殖废弃物的理化性质与猪、鸡不同，有必要专门研究肉牛养殖废弃物资源化利用，为有效破解肉牛养殖面临的环境难题提供学理支撑。

二、模式选择方面

已有研究主要基于养殖废弃物资源化利用的技术手段进行模式划分，聚焦于养殖废弃物资源化利用的产中环节，本研究则从产后环节资源化利用产品去向角度进行模式划分，将肉牛养殖废弃物资源化利用划分为自用、赠送和销售 3 种模式，收集 3 种模式利用养殖废弃物的百分比，同时将消费需求中的似不相关回归（SUR）模型应用到养殖废弃物资源化利用中来，并施加一定的约束条件，研究方法具有一定的创新性。

三、政府规制方面

鲜有实证研究同时考虑不同类型政府规制措施以及不同规制措施间相互作用对养殖场（户）养殖废弃物资源化利用行为的影响，从既有研究结论来看，仅考虑单一类型政策变量进行实证研究会因遗漏重要解释变量而导致估计结果有偏。有鉴于此，本研究同时考虑经济激励型政策和命令强制型政策，将二者纳入同一理论分析框架，且引入二者交互项检验不同政策之间是否存在相互影响，更加科学地评估政府不同环境规制措施的作用效果，以期为政府部门实施更加有效的养殖环境规制措施提供有益思考。

乡村七十载　振兴跨百年

第二章

肉牛养殖废弃物总量估算与价值评估

随着畜禽养殖业的快速发展，集约化、规模化养殖不断扩大，产生的粪尿及磷量急剧增长（刘晓永等，2019），对环境造成的压力也持续增大（王志国等，2019）。畜禽粪便还田利用是消除养殖污染的重要方式，一方面为种植业提供有机肥源，减少化肥投入；另一方面提高农业生态系统氮磷物质循环利用效率（杨世琦等，2016）。原农业部出台的《到 2020 年化肥使用量零增长行动方案》（农发〔2015〕2 号）中指出，目前，我国有机肥资源总养分约 7 000 万 t，实际利用不足 40%，其中畜禽粪便养分还田率为 50%左右，可以利用的空间较大。当然，土地养分需求存在阈值，超过承载力阈值会产生土壤污染风险。因此，有必要科学评估我国肉牛/畜禽养殖废弃物资源产量、区域分布、土地承载力以及环境风险，以期更加有效地利用肉牛等畜禽养殖废弃物养分资源。

第一节 模型构建与数据来源

一、模型构建

本章中肉牛养殖废弃物包括牛粪和牛尿。借鉴已有相关研究，肉牛养殖废弃物排放量估算公式如下：

$$MS = Q_i T_i E_i \tag{2-1}$$

公式（2-1）中，MS 为肉牛养殖废弃物产生量（包括牛粪产生量和牛尿产生量）；T_i 为饲养周期（肉牛的饲养周期大于 1 年，因此取值 365 d）；Q_i 为肉牛年末存栏量（对于饲养周期小于 365 d 的畜禽采用年出栏量，大于或等于 365 d 的畜禽采用年末存栏量（谢光辉等，2018），因此本研究采用肉牛年末存栏量）；E_i 为排泄系数。

根据《第一次全国污染源普查畜禽养殖业产排污系数手册》（以下简称《污染源普查手册》），分华北（北京、天津、河北、山西、内蒙古），东北（辽宁、吉林、黑龙江），华东（上海、江苏、浙江、山东、安徽），中南（湖北、湖南、河南、江西、广东、广西、海南、福建），西南（四川、重庆、贵州、云南、西藏）及西北（陕西、甘肃、新疆、青海、宁夏）6 大区域选取肉牛粪、尿排泄系数，详见表 2-1。

$$MP_i = Q_i T_i P_i \qquad (2\text{-}2)$$

公式（2-2）中，MP_i为肉牛养殖废弃物中污染物含量；P_i为肉牛养殖排污系数。

本研究中污染物主要包括化学需氧量（COD）、全氮（TN）和全磷（TP），详见表 2-1。

$$MG = Q_i T_i E_i D_i \beta_i \qquad (2\text{-}3)$$

借鉴张田等（2012）的研究，公式（2-3）为肉牛养殖废弃物产生沼气的潜力估算方法。

公式（2-3）中，D_i为肉牛养殖废弃物中干物质含量；β_i为肉牛养殖废弃物中干物质的产气率①。

表 2-1　我国肉牛养殖产污系数

指标	华北区	东北区	华东区	中南区	西南区	西北区
牛粪 [kg/(头·d)]	15.01	13.89	14.8	13.87	12.1	12.1
牛尿 [L/(头·d)]	7.09	8.78	8.91	9.15	8.32	8.32
COD [g/(头·d)]	2 796.42	3 086.39	3 114	2 411.4	2 235.21	2 235.21
TN [g/(头·d)]	72.74	150.81	153.47	65.93	104.1	104.1
TP [g/(头·d)]	13.69	17.06	19.85	10.52	10.17	10.17

注：表中数据根据《第一次全国污染源普查畜禽养殖业产排污系数手册》整理而得。

2. 数据来源

研究时限为 1978—2017 年，所用数据来源于《中国畜牧业统计（1949—2001）》、1999—2018 年《中国畜牧兽医年鉴》（2014 年之前为《中国畜牧业年鉴》）、1985—2018 年《中国农村统计年鉴》、1999—2018 年《中国统计年鉴》，涵盖全国 31 个省、直辖市、自治区（由于数据获得受限，没有考虑香港、澳门和台湾 3 个地区）。

① 具体数值参考 2012 年张田等的研究。

2008 年正式统计肉牛年末存栏量数据，因此各省（市、区）肉牛年末存栏量只有 2008—2017 年时间段的数据。通过对比统计年鉴统计口径，且考虑数据可获得性，1978—2007 年各省（市、区）肉牛年末存栏量数据用黄牛年末存栏数据近似替代。以《中国农村统计年鉴》为例，1985—1986 年年鉴中牛年末存栏量指标下单独列出“其中：良种及改良种乳牛”；1987—1993 年年鉴中仅统计牛年末存栏量指标；1994—1997 年年鉴中牛年末存栏量指标包含黄牛年末存栏量、水牛年末存栏量和良种及改良种乳牛存栏量（对比其他统计年鉴中相应数据，该指标为奶牛年末存栏量），三者之和接近或等于牛年末存栏量，差值为牦牛年末存栏量或统计偏误等；1998—2017 年年鉴中牛年末存栏量指标仅包含黄牛和水牛，二者之和与牛年末存栏量的差值近似等于奶牛年末存栏量。因此用各省（市、区）黄牛年末存栏量近似代表当地肉牛年末存栏量具有合理性。

第二节　肉牛养殖废弃物/污染物估算结果分析

一、肉牛养殖废弃物/污染物产量分布

肉牛养殖废弃物/污染物产量分布，如表 2-2 所示。

表 2-2　我国（1978—2017 年）肉牛养殖废弃物/污染物产生量

年份	牛粪/万 t	牛尿/万 t	COD/万 t	TN/万 t	TP/万 t	年份	牛粪/万 t	牛尿/万 t	COD/万 t	TN/万 t	TP/万 t
1978	25 108.3	16 875.7	4 637.0	193.1	22.5	1998	46 223.5	30 162.4	8 566.0	341.2	43.0
1979	25 122.6	16 688.0	4 603.8	186.9	22.2	1999	46 823.1	30 522.8	8 700.3	345.7	43.8
1980	25 152.7	16 668.2	4 613.1	187.9	22.2	2000	47 781.0	31 198.1	8 886.1	355.0	44.6
1981	25 755.0	17 075.2	4 721.6	192.8	22.8	2001	47 101.2	30 798.6	8 766.8	351.2	44.0
1982	26 878.6	17 818.7	4 925.9	200.3	23.8	2002	47 170.6	30 854.1	8 786.5	352.4	44.1
1983	27 809.7	18 468.4	5 096.5	207.1	24.6	2003	49 188.6	32 098.8	9 180.3	368.5	46.0
1984	29 465.1	19 589.3	5 403.8	219.0	26.1	2004	50 033.9	32 639.9	9 339.6	374.6	46.7
1985	31 458.9	20 934.2	5 770.8	232.9	28.0	2005	49 355.1	32 244.8	9 175.5	366.2	45.6
1986	33 496.0	22 278.8	6 136.6	247.0	29.8	2006	48 480.6	31 786.2	9 002.4	358.1	44.5
1987	34 594.6	23 041.0	6 331.2	254.9	30.8	2007	38 234.7	25 020.2	7 156.4	293.1	35.2
1988	36 146.6	24 175.5	6 618.1	266.4	32.3	2008	25 524.0	18 123.6	4 797.2	195.0	23.5

续表 2-2

年份	牛粪/万 t	牛尿/万 t	COD/万 t	TN/万 t	TP/万 t	年份	牛粪/万 t	牛尿/万 t	COD/万 t	TN/万 t	TP/万 t
1989	37 265.3	24 898.1	6 823.4	274.6	33.4	2009	28 704.0	20 292.8	5 327.7	215.3	25.9
1990	38 106.9	25 472.6	6 978.0	281.1	34.2	2010	32 563.1	21 125.0	6 021.5	248.8	29.5
1991	38 655.5	25 858.3	7 081.4	286.2	34.8	2011	32 075.7	20 815.9	5 910.6	245.1	28.9
1992	40 128.1	26 773.4	7 367.2	298.4	36.3	2012	32 368.0	21 000.7	5 951.2	245.8	29.1
1993	42 600.9	28 274.7	7 857.1	319.2	39.1	2013	33 054.7	21 403.0	6 068.4	250.1	29.7
1994	45 703.2	29 962.0	8 513.4	346.1	43.2	2014	33 990.1	21 985.0	6 230.1	256.2	30.4
1995	49 283.3	32 140.4	9 216.7	374.4	47.0	2015	35 622.1	22 992.1	6 528.6	268.1	31.8
1996	41 916.9	27 477.6	7 736.5	308.0	38.6	2016	35 924.4	23 160.2	6 585.0	270.9	32.1
1997	43 640.7	28 789.5	8 050.2	322.6	40.3	2017	31 700.0	20 519.0	5 835.0	243.7	28.4

注：数据为笔者计算所得。

1. 时间维度

改革开放 40 年来，我国肉牛养殖产生的粪、尿、COD、TN、TP 分别从 1978 年的 25 108.3 万 t、16 875.7 万 t、4 637.0 万 t、193.1 万 t 和 22.5 万 t 增长到 2017 年的 31 700 万 t、20 519 万 t、5 835 万 t、243.7 万 t 和 28.4 万 t，养殖废弃物和污染物产生量总体是增加的，期间经历了两次下降和两次恢复，目前处于第二轮恢复增长阶段（以粪尿产生量为例，详见图 2-1）。

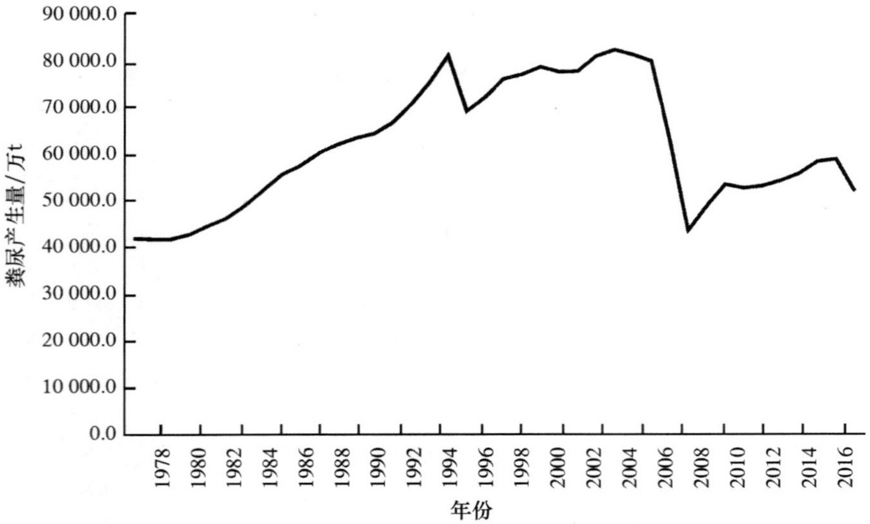

图 2-1　我国（1978—2017 年）肉牛养殖粪尿产生量

（1）平稳增长阶段（1978—1995 年）。改革开放伊始，我国逐步放开牛的“役用”功能管制，扩大其“肉用”功能，1979 年 2 月颁布的《国务院关于保护耕牛和调整屠宰政策的通知》（国发〔1979〕26 号）允许除种公牛和能繁母牛以外的牛在育肥后屠宰销售，此举标志着我国肉牛养殖业的正式发展。随后国家出台了一系列政策促进肉牛产业发展，肉牛存出栏量快速增加，相应的养殖废弃物和污染物产量也随之增加，且增长趋势稳定，后期增长加速，1995 年达到第一个峰值，当年肉牛粪尿产生量为 81 423.7 万 t，约为 1978 年的 1.9 倍，COD、TN、TP 产生量分别达到 9 216.7 万 t、374.4 万 t 和 47 万 t，其中 TP 产生量为改革开放以来之最。

（2）快速下降阶段（1996 年）。1995 年我国肉牛出栏量（3 049 万头）大幅度增加，同比上年增加 563.3 万头，导致 1996 年肉牛年末存栏量锐减，相应的养殖废弃物和污染物产生量也随之大幅度减少。肉牛养殖产生的粪、尿、COD、TN、TP 分别从 1995 年的 49 283.3 万 t、32 140.4 万 t、9 216.7 万 t、374.4 万 t 和 47.0 万 t 减少至 1996 年的 41 916.9 万 t、27 477.6 万 t、7 736.5 万 t、308.0 万 t 和 38.6 万 t。

（3）缓慢增长阶段（1997—2004 年）。一方面 1996 年我国肉牛养殖量锐减，处于一个波谷；另一方面该时期我国不断加强农业产业结构调整，肉牛等畜禽品种逐渐向优，肉牛产业迎来了提质增效的发展机遇期，因此，从 1997 年开始肉牛养殖废弃物和污染物产量出现一个反弹增长，且达到第二个峰值。2004 年，牛粪、牛尿、COD、TN 和 TP 分别为 50 033.9 万 t、32 639.9 万 t、9 339.6 万 t、374.6 万 t 和 46.7 万 t，其中前 4 种养殖废弃物/污染物均创下改革开放以来之最，TP 产生量仅次于 1995 年。

（4）急速下降阶段（2005—2008 年）。2004 年我国开始实施农机购置补贴政策，2007 年出台了《农业部办公厅关于做好 2007 年“以机代牛”补贴工作的通知》（农办机〔2007〕19 号），这在一定程度上加速了“役用”肉牛的退出。此外，该时期我国肉牛等畜禽养殖的集约化、专业化水平不断提高，散养户陆续退出，肉牛产业内部“质量”升级导致短期内“数量”下滑，因此从 2005 年开始，我国肉牛养殖废弃物和污染物产生量出现第二次下降，且下降幅度较大。2008 年，我国肉牛牛粪、牛尿、COD、TN 和 TP 产生量分别为 25 524 万 t、18 123.6 万 t、4 797.2 万 t、195 万 t 和 23.5 万 t，均达到第一个波谷值，接近于改革开放初期水平。当然，2008 年肉牛养殖废弃物和污染物产量的大幅度变动还可能与当年数据来源口径不一致有关。

（5）恢复增长阶段（2009—2017 年）。在经历了前期产业结构调整、相关农业政策冲击、经营方式转型升级后，我国肉牛产业迎来了稳定发展的黄金期。相应的肉牛养殖废弃物和污染物在经历了第一个波谷之后，开始第二轮反弹恢复，呈现出波动增长的趋势，但是增长幅度较小，短期内很难达到历史高点。以肉牛粪尿为例，该阶段 2016 年肉牛粪尿产生量最大，为 59 084.6 万 t，但是仅达到改革开放以来肉牛粪尿最大产生量的 71.5%。

2. 空间维度

从省级单元来看，由于我国各省（市、区）肉牛养殖规模不一，养殖废弃物和污染物产生量也存在较大差异。如表 2-3 所示，2017 年，全国 31 个省份累计产生肉牛粪尿 52 219.1 万 t，其中产量排在前三位的分别为云南、内蒙古和青海，三省份肉牛粪尿产生量分别占全国的 10.67%、8.13%和 7.45%，累计占比约为全国的 1/3，而且近年来三省份肉牛粪尿产生量占比呈上升趋势。肉牛养殖 COD 产生量分布与粪尿相似，TN 和 TP 产生量最多的省份均为云南，TN 产生量排第二位的是黑龙江，其次为青海；TP 产生量排第二位的则是内蒙古，其次为黑龙江。肉牛养殖废弃物和污染物产生量比较少的地区有北京、天津、上海、浙江、福建。以肉牛粪尿为例，2017 年五省（市）累计产生肉牛粪尿 323.4 万 t，所占比重不足当年全国总量的 1%，其中北京、天津、上海、浙江 1978—2017 年间肉牛粪尿产生量占当年全国总量的比重均不足 1%。

从区域划分来看，当前肉牛养殖废弃物和污染物主要产生于西南地区，2017 年，西南地区肉牛粪、尿、COD、TN 和 TP 产生量分别占全国的 30.18%、32.06%、30.29%、33.78%和 28.35%，且 1995 年以来 5 种废弃物/污染物产量占比呈上升趋势。西北地区、东北地区和华北地区肉牛养殖废弃物/污染物产生量相当，华东地区产生量最少，5 种养殖废弃物/污染物产量占比均不足全国的 1/10，其中牛尿产生量仅占全国的 5.72%，约为 1 174.03 万 t。但是在 20 世纪 90 年代中后期，华东地区曾是我国肉牛养殖废弃物/污染物的主要产地，肉牛粪尿产生量占比曾高达 20.09%，仅次于同时期的中南地区（27.12%），1995 年之后则逐渐让位于西南地区等。中南地区

表 2-3　2017 年我国各省区肉牛养殖废弃物/污染物产生量及占比

万 t、%

地区	牛粪		牛尿		COD		TN		TP	
	绝对值	占比	绝对值	占比	绝对值	占比	绝对值	占比	绝对值	占比
全国	31 700.02	100.00	20 519.04	100.00	5 835.01	100.00	243.71	100.00	28.37	100.00
北京	24.11	0.08	11.39	0.06	4.49	0.08	0.12	0.05	0.02	0.08
天津	75.61	0.24	35.71	0.17	14.09	0.24	0.37	0.15	0.04	0.13
河北	1 076.01	3.39	508.25	2.48	200.46	3.44	5.21	2.14	0.98	3.46
山西	272.29	0.86	128.62	0.63	50.73	0.87	1.32	0.54	0.25	0.88
内蒙古	2 884.51	9.10	1 362.50	6.64	537.40	9.21	13.98	5.74	2.63	9.27
辽宁	983.04	3.10	621.39	3.03	218.43	3.74	10.67	4.38	1.21	4.26
吉林	1 632.49	5.15	1 031.91	5.03	362.74	6.22	17.72	7.27	2.01	7.07
黑龙江	1 840.86	5.81	1 163.63	5.67	409.04	7.01	19.99	8.20	2.26	7.97
上海	0.00	0.00	0.00	0.00	0.00	0.00	0.00	0.00	0.00	0.00
江苏	89.67	0.28	53.99	0.26	18.87	0.32	0.93	0.38	0.12	0.42
浙江	58.88	0.19	35.45	0.17	12.39	0.21	0.61	0.25	0.08	0.28
安徽	318.18	1.00	191.55	0.93	66.95	1.15	3.30	1.35	0.43	1.50
福建	49.61	0.16	32.73	0.16	8.63	0.15	0.24	0.10	0.04	0.13
江西	1 064.15	3.36	702.02	3.42	185.01	3.17	5.06	2.08	0.81	2.84
山东	1 483.39	4.68	893.04	4.35	312.11	5.35	15.38	6.31	1.99	7.01
河南	1 166.92	3.68	769.81	3.75	202.88	3.48	5.55	2.28	0.89	3.12
湖北	609.02	1.92	401.77	1.96	105.88	1.81	2.89	1.19	0.46	1.63

续表 2-3

地区	牛粪		牛尿		COD		TN		TP	
	绝对值	占比	绝对值	占比	绝对值	占比	绝对值	占比	绝对值	占比
湖南	1 498.51	4.73	988.57	4.82	260.53	4.46	7.12	2.92	1.14	4.01
广东	404.50	1.28	266.85	1.30	70.32	1.21	1.92	0.79	0.31	1.08
广西	489.04	1.54	322.62	1.57	85.02	1.46	2.32	0.95	0.37	1.31
海南	216.17	0.68	142.61	0.69	37.58	0.64	1.03	0.42	0.16	0.58
重庆	355.09	1.12	244.16	1.19	65.59	1.12	3.05	1.25	0.30	1.05
四川	2 185.28	6.89	1 502.61	7.32	403.68	6.92	18.80	7.71	1.84	6.47
贵州	1 649.56	5.20	1 134.24	5.53	304.72	5.22	14.19	5.82	1.39	4.89
云南	3 302.22	10.42	2 270.62	11.07	610.01	10.45	28.41	11.66	2.78	9.78
西藏	2 075.76	6.55	1 427.30	6.96	383.45	6.57	17.86	7.33	1.74	6.15
陕西	537.49	1.70	369.58	1.80	99.29	1.70	4.62	1.90	0.45	1.59
甘肃	1 740.54	5.49	1 196.80	5.83	321.53	5.51	14.97	6.14	1.46	5.16
青海	2 304.97	7.27	1 584.91	7.72	425.79	7.30	19.83	8.14	1.94	6.83
宁夏	342.28	1.08	235.35	1.15	63.23	1.08	2.94	1.21	0.29	1.01
新疆	969.86	3.06	666.88	3.25	179.16	3.07	8.34	3.42	0.82	2.87

注:数据为笔者计算所得。

肉牛养殖废弃物/污染物产生量一直处于较高水平，2007年之前是我国肉牛养殖废弃物/污染物的最大来源地，除2017年外，肉牛粪、尿、COD产生量占全国的比重均在20%以上。总体来看，肉牛养殖废弃物/污染物生产分布经历了“西南地区、中南地区、西北地区占主导”“六大区域占比趋稳”“中南地区和西南地区重占主导”三个阶段。当前，西南地区和西北地区肉牛养殖废弃物/污染物产生量的贡献率在波动中上升，中南地区的贡献率稳中有降，华北地区、东北地区和华东地区的贡献率则趋于下降。此外，从农区和牧区的角度来看，牧区我国是肉牛养殖废弃物/污染物的主要产生地。2017年，内蒙古、新疆、西藏、青海四大牧区省份的肉牛粪尿产生量达13 276.69万t，约占全国的1/4，1981年，达到最高占比，为28.25%。

二、肉牛养殖废弃物价值潜力

废弃物是放错位置的资源，肉牛养殖废弃物蕴含着巨大的能源潜力。根据公式（2-3）计算可得肉牛粪尿生产沼气的潜力，结果如图2-2所示。2017年，我国肉牛粪尿可以产生173.6亿m^3沼气，而当年我国沼气池产沼气量仅为123.75亿m^3，约占肉牛养殖废弃物沼气潜力的71.3%，如果考虑

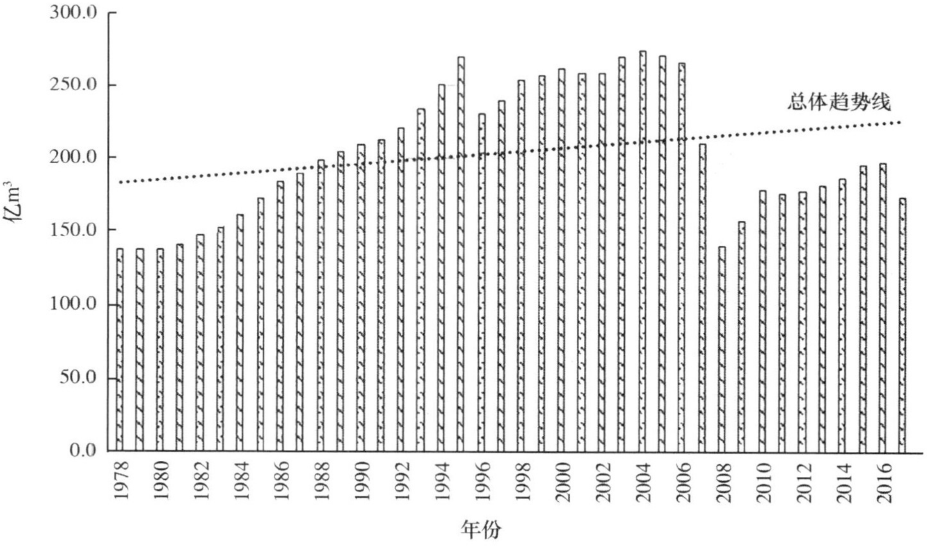

图2-2　我国（1978—2017年）肉牛养殖废弃物能源（沼气）潜力

猪、羊、奶牛、蛋鸡等其他畜禽养殖废弃物的能源潜力，我国沼气池产沼气量占养殖废弃物沼气潜力的比例将更小，因此肉牛养殖废弃物的能源潜力巨大，有待进一步开发、综合利用。从时间维度来看，我国肉牛养殖废弃物的能源（指沼气，下同）潜力峰值出现在 2005 年，约为 270.4 亿 m^3，能源潜力最小的 1978 年也达到 137.6 亿 m^3，超过我国 2018 年沼气池产沼气量 123.7 亿 m^3。改革开放 40 年来，我国肉牛养殖废弃物的能源潜力均值超过 200 亿 m^3，其中 1989—2007 年均超过 200 亿 m^3，连续 19 年处于能源潜力高峰期。

从空间维度来看，如图 2-3 所示，2017 年，我国肉牛养殖废弃物能源潜力大于 10 亿 m^3 的地区有内蒙古、黑龙江、四川、云南、西藏和青海，主要分布在牧区，6 省（区）能源潜力累计达 79.92 亿 m^3，占全国肉牛养殖废弃物能源总潜力的 46.0%，其中云南和内蒙古的能源潜力更是高达 18.10 亿 m^3 和 15.74 亿 m^3。河南在 1994—2006 年间，肉牛养殖废弃物能源潜力均在 30 亿 m^3 以上，最高值达 39.07 亿 m^3，居历年各地区能源潜力之首，约为当年该省沼气池产沼气量的 2.1 倍。当然，2017 年还有部分省（市）肉牛养殖废弃物的能源潜力不足 1.0 亿 m^3，如北京（0.13 亿 m^3）、天津（0.41 亿 m^3）、上海（0.00 亿 m^3）、江苏（0.49 亿 m^3）、浙江（0.32 亿 m^3）、福建（0.27 亿 m^3），主要分布在华北

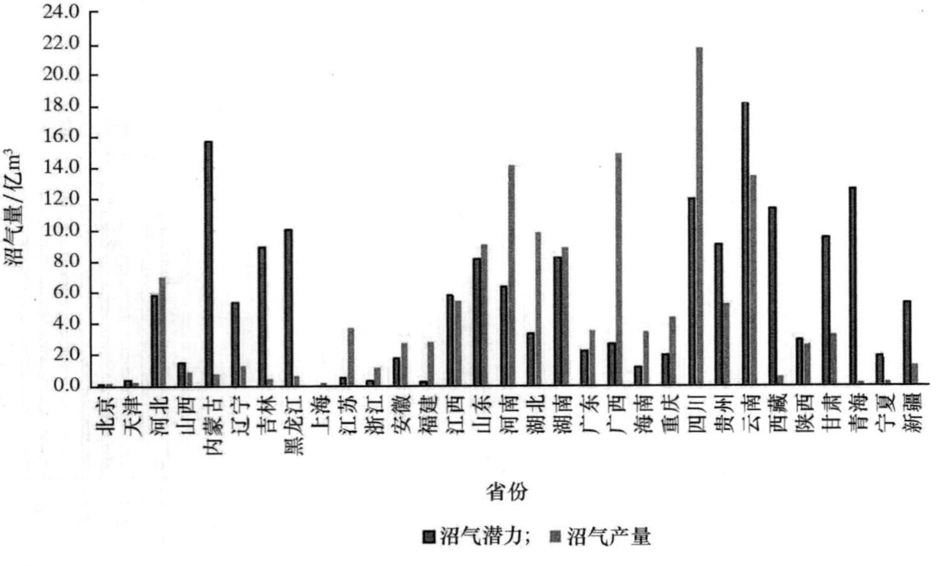

图 2-3　2017 年我国各省肉牛养殖废弃物能源潜力与沼气池沼气产量

地区和华东地区，其中北京、天津和上海的能源潜力自改革开放以来始终不足1.0亿m^3，处于较低水平，江苏、浙江、福建分别在1995年、1986年和1996年达到能源潜力峰值，为1.81亿m^3、1.30亿m^3和2.37亿m^3。综合考虑各地区沼气池沼气产量，能源潜力与实际产量之间存在一定的结构错位，能源潜力大的地区实际沼气产生量并不一定高，部分能源潜力小的地区实际沼气产生量反而较高，这可能与各地区光照、温度等自然条件以及畜禽养殖结构、养殖废弃物用途等有关。能源潜力发挥不足的地区有15个，约占全国省级单元数量的50%，其中内蒙古、吉林、黑龙江、西藏、青海5省份肉牛养殖废弃物能源潜力利用率不足10%，开发利用潜力空间巨大。

从还田利用的角度来看，如表2-4所示，2017年，我国肉牛养殖废弃物含TN 243.71万t，当年我国农业生产氮肥施用折纯量为2 221.80万t，肉牛养殖废弃物全量还田可以减少10.97%的氮肥使用，21世纪以来，最高可减少17.14%（2003年）的氮肥使用。西藏和青海肉牛养殖废弃物TN产生量甚至超过当地农业生产氮肥施用量，因为两省（区）均属于牧区，肉牛养殖规模较大、农作物播种面积小。除西藏和青海外，2017年肉牛养殖废弃物TN产生量占当地农业生产氮肥施用折纯量比重超过20%的省份还有吉林（28.00%）、黑龙江（23.38%）、贵州（30.52%）、云南（25.16%）和甘肃（43.91%），主要分布在东北地区和西南地区，中原地区的占比相对偏低，因为中原地区是我国最主要的粮食主产区，农作物播种面积较大，氮肥施用量也较大。相对于氮肥，肉牛养殖废弃物中TP含量以及农业生产中施用磷肥的量都小许多。2017年，我国肉牛养殖废弃物TP产生量为28.37万t，约占当年农业生产磷肥施用折纯量（797.60万t）的3.56%，21世纪以来占比最高为6.46%（2000年）。省级单元层面，西藏和青海肉牛养殖废弃物TP产生量分别为1.74万t和1.94万t，均超过当地农业生产磷肥施用折纯量，TP产生量占磷肥施用折纯量比重超过5.0%的地区还有内蒙古（6.05%）、辽宁（12.07%）、吉林（30.85%）、贵州（12.06%）、云南（8.00%）、甘肃（9.38%）和宁夏（6.69%）。综合来看，我国肉牛养殖废弃物肥料化潜力巨大，如若科学处理后全量还田利用，可以有效减少化肥施用量、培肥地力。

表 2-4　2017 年我国各省区肉牛养殖污染物产量占农业生产施肥量的比重

地区	氮肥施肥量折纯量/万 t	TN 产量占氮肥施用量比重/%	磷肥施肥量折纯量/万 t	TP 产量占磷肥施用量比重/%
全国	2 221.80	10.97	797.60	3.56
北京	3.80	3.07	0.50	4.40
天津	6.60	5.55	2.30	1.55
河北	140.30	3.72	43.70	2.25
山西	28.20	4.68	13.10	1.90
内蒙古	94.90	14.73	43.50	6.05
辽宁	56.90	18.76	10.00	12.07
吉林	63.30	28.00	6.50	30.85
黑龙江	85.50	23.38	52.60	4.30
上海	4.30	0.00	0.60	0.00
江苏	151.40	0.61	36.80	0.33
浙江	42.90	1.42	9.30	0.85
安徽	100.70	3.28	32.40	1.32
福建	44.40	0.53	16.50	0.23
江西	38.10	13.28	20.50	3.94
山东	139.20	11.05	45.20	4.40
河南	220.00	2.52	108.10	0.82
湖北	128.20	2.26	54.60	0.85
湖南	97.90	7.28	26.00	4.37
广东	103.60	1.86	24.80	1.24
广西	76.00	3.06	31.00	1.20
海南	15.60	6.59	3.40	4.82
重庆	47.20	6.47	16.90	1.77
四川	117.00	16.07	47.10	3.90
贵州	46.50	30.52	11.50	12.06
云南	112.90	25.16	34.70	8.00
西藏	1.80	992.13	1.00	174.47
陕西	90.00	5.14	18.60	2.43
甘肃	34.10	43.91	15.60	9.38
青海	3.50	566.58	1.50	129.15
宁夏	17.40	16.92	4.30	6.69
新疆	109.60	7.61	64.90	1.26

注：数据为笔者计算所得。

第三节　肉牛养殖废弃物/污染物土地承载力评价

肉牛养殖废弃物/污染物对生态环境的影响有多大，是否超过土地承载力范围是养殖环境问题的焦点，也是政府实施畜禽养殖相关政策的决策依据之一。由于各地区畜禽养殖结构差异较大，肉牛在其中的地位不同，单独测算肉牛养殖废弃物/污染物土地承载力并不具有现实意义，需要综合考虑各类畜禽养殖产生的废弃物/污染物。因此本章首先测算各地区畜禽养殖废弃物/污染物土地承载力，再探究肉牛养殖在其中的贡献。涉及的畜禽包括奶牛、役用牛、肉禽、蛋禽、生猪、母猪、马、驴、骡、羊、兔，由于兔子年出栏数据最早始于 2000 年，因此该部分研究的时间区间为 2000—2017 年。

一、养殖相关数据

数据来源于《中国畜牧业统计（1949—2001）》、2001—2018 年《中国畜牧兽医年鉴》（2014 年之前为《中国畜牧业年鉴》）、2001—2018 年《中国农村统计年鉴》、《新中国农业 60 年统计资料》、2001—2018 年《中国统计年鉴》，涵盖全国 31 个省、直辖市、自治区（由于数据获得受限，没有考虑香港、澳门和台湾 3 个地区），并对其中部分数据做如下解释：

（1）役用牛。统计年鉴中无役用牛年末存栏数据，根据统计口径，2000—2007 年役用牛年末存栏量用牛年末存栏量减去黄牛和奶牛年末存栏量近似表示，2008—2017 年数据用牛年末存栏量减去肉牛和奶牛年末存栏量近似表示，如若出现负值，则取值 0；役用牛粪尿排泄系数来源于耿维等（2013）的研究，再根据 6 大区域肉牛粪和尿排泄系数之比计算得役用牛的粪和尿排泄系数。

（2）母猪。对于母猪 COD、TN 和 TP 排泄系数，借鉴林源等（2012）的做法通过如下公式计算而得：（保育期猪排泄系数＋妊娠期猪排泄系数）×20×30/365，其中保育期猪排泄系数和妊娠期猪排泄系数来源于《污染源普查手册》。

（3）肉禽和蛋禽。家禽出栏数据作为肉禽数量，产排污系数用肉鸡的产排污系数近似替代；家禽存栏数据作为蛋禽数量，其中 2000 年数据空缺，根据 2001 年和 2002 年数据等距插值近似替代，产排污系数用蛋鸡的产排污系数近似替代。

（4）马、驴、骡。上海、浙江、福建、江西、广东以及海南部分年份马、驴、骡年末存栏数据空缺，根据统计年鉴数值空缺说明，参考往年数值，空缺值均取 0。

（5）饲养周期。奶牛、役用牛、母猪、蛋禽、羊、马、驴、骡饲养周期超过 1 年，均取值 365 d；根据《污染源普查手册》和朱建春等（2014）的研究猪饲养周期取值 199 d、兔取值 90 d，而肉禽取值存在较大差异，朱建春等（2014）将肉鸡、其他禽类的饲养周期统一取值 210 d，林源等（2012）将肉鸡饲养周期取值 55 d、鸭鹅饲养周期取值 210 d，本研究取二者均值 133 d。

除如上说明外，其余畜禽的产排污系数均来源于《污染源普查手册》、林源等（2012）、张田等（2012）、耿维等（2013）、朱建春等（2014）的研究，具体数值详见表 2-5。

二、土地相关数据

多数学者在计算畜禽养殖废弃物/污染物的环境负荷时选择耕地面积作为实际承载面积（鞠昌华等，2016；史瑞祥等，2017），也有少数学者将部分地区的牧草地面积考虑进来（朱建春等，2014；张晓华等，2018）。借鉴已有相关研究经验，本研究以各省（市、区）耕地和牧草地面积之和作为畜禽养殖废弃物/污染物的实际承载面积。

（1）耕地。各省区 2000 年耕地数值来源于《中国农业统计资料》，2001—2005 年数值来源于 2002—2006 年《中国国土资源年鉴》中年末耕地面积，2007—2017 年数据来源于网络数据库（https：//www.ceicdata.com/zh-hans/china/cultivated-area/cn-cultivated-area-xinjiang）。

表 2-5 我国其他畜禽养殖的产污系数

分类	地区	粪/[kg/(头·d)]	尿/[L/(头·d)]	TN/[g/(头·d)]	TP/[g/(头·d)]	COD/[g/(头·d)]
奶牛	华北	26.55	11.44	274.23	38.27	6 535.35
	东北	27.24	12.29	257.70	54.55	6 185.11
	华东	25.82	12.29	214.51	38.47	5 731.70
	中南	27.27	15.54	353.41	62.46	6 793.31
	西南	25.82	12.29	214.51	38.47	5 731.70
	西北	16.19	10.16	185.89	17.92	3 600.16
役用牛	华北	15.64	7.38	121.68	14.31	2 975.22
	东北	14.02	8.88	110.95	24.06	3 166.11
	华东	13.67	8.23	107.77	12.48	2 832.72
	中南	16.67	10.96	139.76	25.99	3 324.53
	西南	12.96	8.94	107.77	12.48	2 832.72
	西北	10.06	6.94	108.03	9.54	2 013.97
肉禽	华北	0.12	—	1.27	0.30	0.12
	东北	0.18	—	1.85	0.48	0.18
	华东	0.22	—	1.02	0.50	0.22
	中南	0.06	—	0.71	0.06	0.06
	西南	0.06	—	0.71	0.06	0.06
	西北	0.18	—	1.85	0.48	0.18
蛋禽	华北	0.16	—	1.42	0.42	27.35
	东北	0.09	—	1.12	0.23	21.69
	华东	0.05	—	1.06	0.51	18.50
	中南	0.12	—	1.16	0.23	20.50
	西南	0.12	—	1.16	0.23	20.50
	西北	0.09	—	1.12	0.23	21.69
猪	华北	1.51	1.52	29.00	5.21	401.19
	东北	1.11	2.40	47.25	5.13	343.95
	华东	0.90	1.67	20.76	2.63	280.81
	中南	0.96	2.28	36.51	4.84	302.24
	西南	1.01	1.96	16.85	3.88	317.33
	西北	1.26	1.88	31.73	4.22	334.55
母猪	华北	2.77	5.53	105.30	22.04	1 181.80
	东北	2.84	7.95	172.11	23.18	1 233.88
	华东	2.31	7.01	83.75	10.77	1 047.50
	中南	2.41	7.60	116.68	22.50	1 199.70
	西南	2.14	6.43	68.65	18.72	1 397.39
	西北	2.20	6.01	102.38	13.18	929.57
马	全国统一近似表示	16.16	2.88	12.40	1.60	37.00
驴/骡		13.70	2.88	12.40	1.60	37.00
羊		2.38	1.00	2.15	0.46	0.46
兔		0.11	—	1.16	0.24	—

注：根据相关文献整理、计算而得。

（2）牧草地。数据来源于2014—2018年《中国统计年鉴》、2001—2002年《中国国土资源年鉴》以及国家统计局“环境统计资料”（2003—2014年），其中2010—2013年《中国统计年鉴》中的牧草地数据均为2008年数值，综合考虑数据可获得性，2009—2012年全国各省（市、区）牧草地数据均用2008年数值近似替代；2000年牧草地数值空缺，根据2001年和2002年数据等距插值近似替代；2000—2017年上海和2013—2017年天津数值空缺，综合考虑实际情况，全部取0值；浙江2008—2012年数值空缺，综合考虑实际情况，均取值1。

三、土地承载力模型

单位土地（耕地和牧草地）养殖废弃物/污染物承载力计算公式如下：

$$F_i = MP_i / S \tag{2-4}$$

公式（2-4）中，F_i为单位土地养殖废弃物/污染物承载力；MP_i为养殖废弃物中污染物含量［与公式（2-2）中一致，此处主要指TN和TP］；S为土地面积，即耕地和牧草地面积之和。

为了评价畜禽养殖废弃物/污染物土地承载力是否超出合理范围，引入预警分析，预警值R_i的计算公式如下：

$$R_i = F_i / p_i \tag{2-5}$$

公式（2-5）中，R_i为畜禽养殖废弃物/污染物土地承载力预警值［借鉴沈根祥等（1994）的研究，将其划分为5个等级，$R_i \leqslant 0.4$为Ⅰ级，表示对环境无影响，$0.4 < R_i \leqslant 0.7$为Ⅱ级，表示对环境稍有影响，$0.7 < R_i \leqslant 1.0$为Ⅲ级，表示对环境有影响，$1.0 < R_i \leqslant 1.5$为Ⅳ级，表示对环境有较严重影响，$R_i > 1.5$为Ⅴ级，表示对环境有严重影响］；p_i为某种污染物土地最大承载力（借鉴已有相关研究经验，采用欧盟的标准，TN取值170 kg/hm^2，TP取值35 kg/hm^2）。

四、结果分析

1. 养殖污染物TN的土地承载力

2000—2017年，我国畜禽养殖污染物TN的土地承载力均值为39.44 kg/hm^2，最大值为 43.96 kg/hm^2，TN 土地承载力相对稳定。从 TN 来源来看，肉牛养殖的平均贡献率为 19.6%，最高为 26.1%，最低为 13.4%，其中 2000—2004 年肉牛养殖的贡献率位居各类畜禽之首，2005—2007 年、2010—2016 年位居第二，仅次于生猪（平均贡献率 26.1%），2008 年、2009 年、2017 年则位居第三，仅次于生猪和蛋禽。总体而言，肉牛是我国畜禽养殖污染物 TN 的主要来源之一。与污染物土地承载力的理论值相比，全国层面 TN 土地承载力情形比较乐观，2013—2016 年间R_i取值 0.3，其余年份取值 0.2，均处于预警Ⅰ级，表现出对环境无影响（表 2-6）。

表 2-6 我国（2000—2017 年）畜禽养殖污染物土地承载力以及肉牛贡献率

年份	TN				TP			
	承载力/（kg/hm^2）	预警值	预警级别	肉牛贡献率/%	承载力/（kg/hm^2）	预警值	预警级别	肉牛贡献率/%
2000	34.27	0.20	Ⅰ级	26.13	6.06	0.17	Ⅰ级	18.59
2001	35.17	0.21	Ⅰ级	25.54	6.24	0.18	Ⅰ级	18.03
2002	36.30	0.21	Ⅰ级	24.96	6.44	0.18	Ⅰ级	17.61
2003	38.31	0.23	Ⅰ级	24.90	6.78	0.19	Ⅰ级	17.58
2004	39.90	0.23	Ⅰ级	24.38	7.01	0.20	Ⅰ级	17.31
2005	41.68	0.25	Ⅰ级	22.87	7.35	0.21	Ⅰ级	16.16
2006	41.43	0.24	Ⅰ级	22.53	7.26	0.21	Ⅰ级	15.96
2007	36.02	0.21	Ⅰ级	21.22	6.33	0.18	Ⅰ级	14.49
2008	37.92	0.22	Ⅰ级	13.41	6.76	0.19	Ⅰ级	9.07
2009	37.46	0.22	Ⅰ级	14.47	6.65	0.19	Ⅰ级	9.82
2010	37.92	0.22	Ⅰ级	16.52	6.72	0.19	Ⅰ级	11.04
2011	38.19	0.22	Ⅰ级	16.16	6.82	0.19	Ⅰ级	10.68
2012	38.91	0.23	Ⅰ级	15.91	6.98	0.20	Ⅰ级	10.51
2013	43.72	0.26	Ⅰ级	16.13	7.78	0.22	Ⅰ级	10.75
2014	44.16	0.26	Ⅰ级	16.36	7.80	0.22	Ⅰ级	10.98
2015	43.96	0.26	Ⅰ级	17.21	7.76	0.22	Ⅰ级	11.57
2016	43.16	0.25	Ⅰ级	17.72	7.66	0.22	Ⅰ级	11.84
2017	41.40	0.24	Ⅰ级	16.62	7.46	0.21	Ⅰ级	10.73

注：数据为笔者计算所得。

从省级单元来看，2017 年，TN 土地承载力值最大的省份为广东，高达 259.50 kg/hm^2，R_i取值 1.53，处于预警Ⅴ级，畜禽养殖对环境的影响严重，但肉牛养殖的贡献较小，仅为 2.85%，污染物 TN 主要来源于生猪和蛋禽，二者贡献率累计达 63.7%。北京、辽宁、福建、湖南四省（市）的 TN 土地承载力值也较高，分别为 193.25 kg/hm²、172.44 kg/hm²、253.01 kg/hm²、220.14 kg/hm²，均处于预警Ⅳ级，畜禽养殖对环境的影响较为严重，其中肉牛养殖的贡献率分别为 2.83%、12.44%、0.70%和 7.77%，并非主要氮污染源。肉牛对 TN 土地承载力贡献率位居前三的省份分别为青海（82.83%）、西藏（69.44%）和甘肃（53.49%），均处于预警Ⅰ级，畜禽养殖对环境尚无影响。TN 土地承载力处于预警Ⅲ级的地区有天津、江西、山东、河南、湖北、广西和海南，畜禽养殖对环境有影响，河北、吉林、上海、江苏、安徽、重庆、贵州和云南处于预警Ⅱ级，畜禽养殖对环境稍有影响，其余省份则处于预警Ⅰ级，畜禽养殖对环境尚无影响。综合考虑时间维度和空间维度，天津、山西、内蒙古、辽宁、黑龙江、福建、湖北、重庆、贵州、云南、甘肃、宁夏等地畜禽养殖污染物 TN 的土地承载力呈上升趋势，北京、福建、湖南、广东四省（市）长期处于预警Ⅳ级或Ⅴ级，畜禽养殖对生态环境的潜在影响较大（表 2-7）。

表 2-7　2017 年我国各省区畜禽养殖污染物 TN 的土地承载力情况

地区	承载力/(kg/hm²)	预警值	预警级别	肉牛贡献率/%	地区	承载力/(kg/hm²)	预警值	预警级别	肉牛贡献率/%
北京	193.25	1.14	Ⅳ	2.83	湖北	137.91	0.81	Ⅲ	4.01
天津	121.30	0.71	Ⅲ	6.92	湖南	220.14	1.29	Ⅳ	7.77
河北	116.12	0.68	Ⅱ	6.49	广东	259.50	1.53	Ⅴ	2.85
山西	66.80	0.39	Ⅰ	4.83	广西	164.47	0.97	Ⅲ	3.21
内蒙古	7.44	0.04	Ⅰ	31.95	海南	157.81	0.93	Ⅲ	8.78
辽宁	172.44	1.01	Ⅳ	12.44	重庆	84.78	0.50	Ⅱ	14.92
吉林	81.62	0.48	Ⅱ	30.07	四川	53.09	0.31	Ⅰ	20.03
黑龙江	47.97	0.28	Ⅰ	25.35	贵州	74.20	0.44	Ⅱ	41.66
上海	111.66	0.66	Ⅱ	0.00	云南	96.16	0.57	Ⅱ	46.45
江苏	84.50	0.50	Ⅱ	2.41	西藏	3.62	0.02	Ⅰ	69.44
浙江	61.12	0.36	Ⅰ	5.05	陕西	35.59	0.21	Ⅰ	21.12
安徽	70.21	0.41	Ⅱ	8.01	甘肃	24.78	0.15	Ⅰ	53.49

续表 2-7

地区	承载力/(kg/hm²)	预警值	预警级别	肉牛贡献率/%	地区	承载力/(kg/hm²)	预警值	预警级别	肉牛贡献率/%
福建	253.01	1.49	Ⅳ	0.70	青海	5.79	0.03	Ⅰ	82.83
江西	156.16	0.92	Ⅲ	10.49	宁夏	29.18	0.17	Ⅰ	36.28
山东	153.52	0.90	Ⅲ	13.19	新疆	8.39	0.00	Ⅰ	24.29
河南	144.25	0.85	Ⅲ	4.74					

注：数据为笔者计算所得。

2. 养殖污染物 TP 的土地承载力

样本区间内 TP 的土地承载力也比较稳定，均值为 6.99 kg/hm²，最大值仅为 7.80 kg/hm²，远低于欧盟标准，R_i 均取值 0.2，处于对环境无影响的预警Ⅰ级。从 TP 来源来看，肉牛养殖的平均贡献率为 13.5%，最高为 18.6%，最低为 9.1%，2007 年之前，肉牛养殖的贡献率在各类畜禽中排名第三，仅次于蛋禽和生猪，2007 年之后则排名第五，位于蛋禽、生猪、母猪和肉禽之后，仍然是我国畜禽养殖污染物 TP 的主要来源之一。

从省级单元来看，2017 年，畜禽养殖污染物 TP 的土地承载力最大的省份为山东，高达 48.29 kg/hm²，R_i 取值 1.38，处于预警Ⅳ级，畜禽养殖污染物 TP 对环境的影响较严重，其中肉牛的贡献率高达 13.2%，样本区间内平均贡献率更是高达 26.0%，最高时为 45.5%，长期处于下降趋势，是山东省长期位于 TP 土地承载力高位（R_i 值在 2000—2017 年间均大于 1.0）的主要原因。与 TN 土地承载力相比，2017 年全国各省 TP 土地承载力没有处于预警Ⅴ级的。处于预警Ⅳ级的省（市）还有北京、福建和广东，TP 土地承载力分别为 39.22 kg/hm²、36.70 kg/hm²、39.52 kg/hm²，畜禽养殖对环境的影响较为严重，其中肉牛养殖的贡献率分别为 2.62%、0.77% 和 2.98%，同样并非主要磷污染源。肉牛对 TP 土地承载力贡献率位居前三的省（区）分别为青海（76.43%）、西藏（58.08%）和甘肃（42.24%），均为牧区且处于预警Ⅰ级，畜禽养殖对环境尚无影响。TP 土地承载力处于预警Ⅲ级的地区有河北、辽宁、江苏、广西、海南、湖南，畜禽养殖对环境有影响，天津、上海、浙江、安徽、江西、河南、湖北、重庆和云南处于预警Ⅱ级，畜禽养殖对环境稍有影响，其余省份则处于预警Ⅰ级，畜禽养殖对环境尚无影响。综合考虑时间维度和空间维度，天津、河北、山西、辽宁、福建、山东、湖北、重庆、贵州、云南等地畜禽养殖污染物 TP 的土地承载力呈上升趋势，北京、山东、湖南和广东四省（市）长期处于或濒临预警Ⅳ级，畜禽养殖对生态环境的潜在影响较严重（表 2-8）。

表 2-8　2017 年我国各省区畜禽养殖污染物 TP 的土地承载力情况

地区	承载力/（kg/hm²）	预警值	预警级别	肉牛贡献率/%	地区	承载力/（kg/hm²）	预警值	预警级别	肉牛贡献率/%
北京	39.22	1.12	Ⅳ	2.62	湖北	21.75	0.62	Ⅱ	4.05
天津	23.72	0.68	Ⅱ	3.45	湖南	34.53	0.99	Ⅲ	7.90
河北	24.68	0.71	Ⅲ	5.75	广东	39.52	1.13	Ⅳ	2.98
山西	10.70	0.31	Ⅰ	5.67	广西	26.18	0.75	Ⅲ	3.23
内蒙古	1.37	0.04	Ⅰ	32.76	海南	24.73	0.71	Ⅲ	8.94
辽宁	29.10	0.83	Ⅲ	8.34	重庆	15.93	0.46	Ⅱ	7.76
吉林	12.51	0.36	Ⅰ	22.19	四川	9.34	0.27	Ⅰ	11.13
黑龙江	5.49	0.16	Ⅰ	25.71	贵州	11.53	0.33	Ⅰ	26.19
上海	22.53	0.64	Ⅱ	0.00	云南	15.41	0.44	Ⅱ	28.32
江苏	26.95	0.77	Ⅲ	0.98	西藏	0.42	0.01	Ⅰ	58.08
浙江	17.63	0.50	Ⅱ	2.26	陕西	5.04	0.14	Ⅰ	14.56
安徽	21.79	0.62	Ⅱ	3.34	甘肃	3.07	0.09	Ⅰ	42.24
福建	36.70	1.05	Ⅳ	0.77	青海	0.61	0.02	Ⅰ	76.43
江西	23.69	0.68	Ⅱ	11.04	宁夏	3.58	0.10	Ⅰ	28.92
山东	48.29	1.38	Ⅳ	5.42	新疆	1.02	0.03	Ⅰ	19.61
河南	23.18	0.66	Ⅱ	4.71					

注：数据为笔者计算所得。

第四节　本章小结

本章根据肉牛存栏量、排泄系数等指标估算我国肉牛养殖废弃物/污染物产生量以及区域分布，客观评价我国肉牛养殖废弃物/污染物产生现状，并据此评估肉牛养殖废弃物的资源价值潜力，最后基于土地养分供需平衡从畜禽养殖业全局视角测算养殖污染物土地承载力以及肉牛养殖在其中的贡献，得到如下研究结论：

（1）改革开放40年来，我国肉牛养殖产生的粪、尿、COD、TN、TP等废弃物/污染物总体是增加的，期间经历了两次下降和两次恢复，目前处于第二轮恢复增长阶段。

（2）肉牛养殖废弃物/污染物产量分布经历了“西南地区、中南地区、西北地区占主导”“六大区域占比趋稳”“中南地区和西南地区重占主导”3个阶段。当前，西南地区和西北地区肉牛养殖废弃物/污染物产生量的贡献率在波动中上升，中南地区的贡献率稳中有降，华北地区、东北地区和华东地区的贡献率则趋于下降。牧区是肉牛养殖废弃物/污染物的主要来源地。

（3）肉牛养殖废弃物/污染物能源化、肥料化价值潜力巨大，但是目前总体开发利用不足。如若充分挖掘其资源价值潜力并科学利用，可以有效降低不可再生能源、化肥等的施用。

（4）全国层面畜禽养殖TN、TP土地承载力情形比较乐观，但是部分省（市、区）存在环境污染风险，甚至处于环境风险预警Ⅴ级，其中肉牛养殖对TN、TP土地承载力的平均贡献率分别为19.6%和13.5%，对TN的贡献率高于TP，是畜禽养殖污染物的主要来源之一。

第三章

肉牛养殖废弃物资源化利用典型模式①

① 本章内容以《Alternative management systems of beef cattle manure for reducing nitrogen loadings: A case-study approach》为题发表于《Animals》2021年第11卷。作者为Yubin Wang, Suraj Ghimire, Jingjing Wang, Renjie Dong, Qian Li（通讯作者），略有修改。

2017 年，我国肉牛养殖产生牛粪 31 700 万 t、牛尿 20 519 万 t，分别占当年全国畜禽粪、尿总产生量的 19.15%、23.47%，肉牛养殖废弃物产生量之大、速度之快，造成了较大的资源环境压力，引起养殖场（户）、地方政府以及其他利益相关主体的高度关注，甚至成为肉牛养殖的头号难题。为有效破解这一难题，各级政府大力鼓励养殖场（户）或其他主体积极参与肉牛等畜禽养殖废弃物资源化利用，通过项目扶持、技术培训、典型示范、政策宣传等形式推进肉牛等畜禽养殖废弃物资源化利用，养殖场（户）或其他主体也根据自身资源要素禀赋、地区自然环境、区域经济发展水平等积极探索肉牛养殖废弃物资源化利用模式，变“压力承受”为“潜力挖掘”。

现实中肉牛养殖废弃物是如何实现资源化利用的？形成了哪些典型经验模式？不同资源化利用模式推广普及的条件是什么？尤为值得关注。及时总结、推广这些成功经验对于推动全国肉牛乃至其他畜禽养殖废弃物资源化利用具有重要的现实意义。从学术层面来看，肉牛等畜禽养殖废弃物资源化利用模式划分也是既有研究的一个重点方向，已有学者从技术、管理、区域、畜禽种类等角度探究养殖废弃物资源化利用模式，为本研究提供了可借鉴的经验。本章基于实地调研，归纳总结实践中肉牛养殖废弃物资源化利用典型模式，并选取典型案例剖析各种模式产生的动因、运行的机理以及推广普及的条件等，以期总结出可复制推广的经验做法，为有效推动肉牛等畜禽养殖废弃物高质量资源化利用提供有益思考。

第一节　肉牛养殖废弃物资源化利用模式划分

由于本研究中肉牛养殖废弃物主要指牛粪，因此肉牛养殖废弃物资源化利用模式划分的对象也是牛粪。基于肉牛养殖废弃物资源化利用产业链视角，从产中利用途径和产后产品去向两个环节分别进行模式划分。本章主要从产中环节进行研究，产后环节将在第五章肉牛养殖废弃物资源化利用模式选择中作详细研究。基于养殖废弃物资源化利用途径视角，将当前生产实践中肉牛养殖废弃物资源化利用模式划分为肥料化模式（简单堆肥还田或加工有机肥）、基质化模式（作为种植或养殖的基质）、能源化模式（生产沼气）3 类。

一、肥料化模式

肥料化模式是指牛粪被还田利用，成为土壤有机质的重要来源，在一定程度上能够减少化肥使用，是目前牛粪资源化利用的主要模式。肥料化模式根据产品利用程度又可分为粗放型肥料化模式（案例 3-1）和精细型肥料化模式（案例 3-2），前者在现实中较为普遍，牛粪经过简单堆肥发酵后还田利用，甚至牛粪收集后直接运输至田间地头，同时实现堆肥与还田，该模式对技术要求低、资金投入少，是现实中牛粪资源化利用的首选模式，尤为受小规模养殖场（户）的青睐；后者指牛粪被不同程度地加工成颗粒状或粉状等形态的有机肥，甚至注册有机肥品牌，以在更广的市场空间销售、还田利用，该模式需要购买粪污处理设施设备，资金投入大、技术要求高，具有资本或技术密集型特点，只有养殖规模达到一定程度才适宜采用该模式（表 3-1）。

案例 3-1

洛阳市 QNXM 有限公司（简称 QNXM）成立于 2015 年，注册资本 80 万元，占地面积 5 亩，其中养殖区面积 2.5 亩，养殖容量为 100 头肉牛。公司现有员工 3 名，主要从事肉牛育肥销售，养殖方式以自繁自育自养为主，辅以外购架子牛育肥，外购 2～3 个月龄的犊牛育肥 7 个月至 300 kg 左右出栏，养殖品种有西门塔尔和本地杂交黄牛。2017 年，公司年底存栏肉牛 48 头，其中基础母牛 25 头，出栏肉牛 25 头，活牛市场均价约 23.3 元/kg，平均每头肉牛盈利 3 000 元左右，总盈利 7 万元，养殖收入占家庭总收入的 40%以上。

公司投资 2.5 万元建有堆粪场 1 个、污水池 3 个，没有享受政府补贴，其中堆粪场面积 230 m^2，做到了粪尿分离和防渗处理，但是没有实现雨污分离，下雨天需要用雨布遮盖。公司采用人工和水冲相结合的清粪方式，频率为 2 次/天，牛粪清理后集中在堆粪场堆肥发酵待还田或者直接还田。公司（法人）自有承包耕地 1.5 亩，以 200 元/亩租金转入耕地 1.5 亩，主要种植玉米，秸秆用来养牛，不足的秸秆从周边以0.12 元/kg 的价格收购，政府每吨补贴 40 元，45%的牛粪自家还田或还林，实现公司内部种养循环。

此外，公司周边种植户使用牛粪的积极性较高，剩余的牛粪30%赠送、25%用于销售，销售价格为4～5元/m^2。公司计划进一步扩大养殖规模，经济效益始终是其养殖废弃物资源化利用的首要考虑因素，受资金约束，未来首选的牛粪资源化利用方式仍是简单堆肥还田。

案例分析：从养殖规模以及经营模式来看，QNXM的本质更贴近于散户或家庭农场，是中小规模肉牛养殖的典型。在环保高压下，许多肉牛养殖场（户）主动或被动地建有堆粪场、污水池，这些基础性设施设备并没有实质性地影响或改变养殖废弃物资源化利用模式，养殖场（户）对简便易行且长此以往采用的粗放型肥料化模式具有较强的路径依赖，仍然倾向于首选该模式。QNXM通过小规模种植创造了内部种养循环的基础，在牛粪资源化利用中同时兼具自用、赠送与销售三种方式，其中尤以自用和赠送为主，有机肥产品的商品化程度较低、市场半径较小，具有较强的小农经济特质。随着肉牛养殖规模的扩大、资源禀赋以及外在约束条件的改变，粗放型肥料化模式会逐渐向精细型肥料化模式转变。

表3-1　粗放型肥料化与精细型肥料化模式对比

模式类型	养殖规模	要素投入	产品去向	环保压力
粗放型肥料化	小/中规模	劳动密集型	自用/赠送比例高，市场半径小	大
精细型肥料化	大规模	资本/技术密集型	销售比例高，市场半径大	小

案例3-2

驻马店市JHMY有限公司（简称JHMY）成立于2012年，注册资本1 000万元，占地面积230亩，是农业产业化市级龙头企业且公司负责人为中国畜牧业协会理事。公司成立种植专业合作社、养殖专业合作社各1个，建有26个养殖大棚，肉牛养殖容量达5 000头，主要养殖西门塔尔牛和本地黄牛夏南牛，2017年两种肉牛分别占85%和15%。公司为养殖户免费提供养殖场所、防疫服务以及水电，实行统一采购、统一防疫、统一管理、统一配种、统一销售的“五统一管理”，分散经营、自负盈亏。养殖户从公司以低于市场价0.1～0.2元/kg的价格领取草料，月底结算草料费用。2017年，公司共对接养殖户15户，户均养殖规模约70头，养殖户可以自己选择肉牛销售方式，通过公司销售的价格高于自行销售，每头牛可盈利2 000元以上，养殖废弃物统一由公司处理。

2016年，公司通过河南省农业农村厅招商引资项目购买粪污有机肥加工设备1台，价值57万元，没有享受政府补贴。对比该设备与条槽式有机肥生产：一般的条槽式堆肥需要翻晒，堆肥最高温度在60～70℃，可能存在病原菌、草种子杀不死的情形，堆肥时间长达半个月，而且遇到下雨天无法正常生产，容易出现粪污堆积，而该设备较为先进，一次可以装入湿度为40%的牛粪20 t，同时加入1 kg菌种（价值150元），用电加热发酵8 h（电费约100元），温度达到120℃，能够有效杀死各种病原菌、草种等，一次/锅可产有机肥5～6 t，每天可处理45 t牛粪。用该设备生产的有机肥轻盈、无味、品质高，市场价格在500元/t左右。2017年，公司累计生产有机肥500～600 t，主要销售给当地的番茄种植大户，也有部分鲜牛粪销售或赠送给周边种植户。总体而言，公司产的牛粪或有机肥产品供不应求，面临的环保压力较小。该模式运营的主要困难在于如何降低牛粪湿度，鲜牛粪的湿度为70%～80%，而有机肥加工设备要求牛粪的湿度在40%左右，露天晾晒时间长、受天气因素制约较大，公司计划一是引进牛粪烘干设备，二是实施沼气建设项目，目前沼气建设项目已经获批，正在筹建中，未来牛粪能源化利用后沼渣再还田肥料化利用。

案例分析：JHMY采用肥料化模式利用牛粪的核心优势在于形成了两个稳定的契约关系。一是中原地区是我国重要的粮食主产区，农作物秸秆资源丰富，公司收购周边种植户的全株玉米青贮和玉米秸秆等，具有廉价且稳定的养殖饲草料货源，能够有效降低肉牛养殖成本、稳定肉牛养殖规模，也保障了有机肥加工的原料供应；二是公司与周边蔬菜种植大户紧密合作，有机肥产销对接顺畅，无销售之忧。调研发现，牛粪加工有机肥技术较为成熟，但是有机肥销售难是普遍性问题，种植户对有机肥认知程度不高、需求意愿低，不少有机肥加工企业主要依靠政府购买服务销售有机肥，没有形成灵活有效的市场化经营机制。肉牛养殖产业链上游稳定的原料供给与下游稳定的产品销售渠道保障了牛粪精细型肥料化模式的健康有序发展。

二、基质化模式

基质化模式是指牛粪与农作物秸秆、草炭等按照一定比例混合后作为农业生产的基质。具体操作过程中，除了将牛粪直接或发酵添加到基质中外，还可以将接种有益菌的秸秆、锯末、稻壳、菇渣、中药渣、花生壳等有机废弃物切碎后铺垫于牛舍内，并在肉牛粪、尿排泄和踩踏等的长时间作用下形成分解、半分解混合物，以此作为基质应用于农业生产（范如芹等，2014）。生产中常见的牛粪基质化模式有利用牛粪种植食用菌（案例 3-3）或者养殖蚯蚓（案例 3-4）。

案例 3-3

阜阳市 SHNY 科技发展有限公司（简称 SHNY）成立于 2003 年，注册资本 50 万元，占地面积 120 亩①，其中养殖区占地面积 12 亩，最大养殖容量 300 头肉牛。公司发起成立养殖专业合作社和家庭农场各 1 个，主要从事肉牛育肥销售，以外购架子牛育肥为主，辅以自繁自育自养，现存栏肉牛 80 头，其中母牛 8 头。2018 年，公司出栏肉牛 40 头，均价约 27 元/kg，头均盈利 2 000 元左右，2019 年肉牛市场行情较好，平均利润高达 6 500 元/头。公司还种植 30 亩葡萄、15 亩构树和 10 亩黑麦草，并收购周边农户的玉米秸秆或全株玉米，年收购量达 3 000 t。

为处理肉牛养殖废弃物，公司 2005 年投资建设 2 000 m^3 的污水池 1 个（与沼气池一起建设，总投资 100 万元，政府全额补贴，目前沼气池已停用），

① 1 hm^2 = 15 亩

2019 年又投资 15 万元建设硬化且雨污分离的堆粪场 1 个，占地 270 m^2。公司采用机械清粪，牛粪腐熟发酵后与玉米秸秆 1∶1混合种植双孢菇。公司负责人 2000 年开始尝试用牛粪种植双孢菇，初始建设大棚种植双孢菇 0.7 亩，2018 年建设单体 600 m^2 的车间 4 个开始工厂化种植双孢菇，当年因大雪天气双孢菇未能及时销售，冻坏约 8 t，2019 年投资 10 万元建设 40 m^2 的保鲜库 1 个，解决了双孢菇销售时间短的难题。目前，公司建成双孢菇种植车间 8 个，已投入使用 6 个，平均每天可产双孢菇 1 250 kg，其中 2/3 用于批发销售，1/3 腌制后销售。养殖产生的牛粪全部用于双孢菇种植，菇渣等用来生产有机肥，同时还向周边养殖场（户）以 20～30 元/m^3 的价格收购牛粪，用于双孢菇生产与有机肥加工，年收购量达 2 000 t。

案例分析：SHNY 牛粪基质化利用的健康发展依赖于公司负责人长期的双孢菇种植经验，在实践摸索中转换双孢菇种植模式与销售模式，配套并完善生产、储藏、运输等设施设备，降低外在自然因素和市场因素的影响。该模式同时体现了两种不同的双孢菇种植方式：陆地大棚种植和车间工厂化种植，在用地难、用地贵的背景下，工厂化种植优势明显，成为未来发展的趋势。但是该模式兼具资本密集型和技术密集型特征，尤其是当双孢菇种植规模较大时，配套基础设施建设的投资大、市场销售渠道开拓的压力大。SHNY 累计投资 600 万元用于基础设施建设，形成了较大规模的专用性资产投资，产品批发销售依赖在当地农产品集贸市场中形成的松散型客户群体，交易频率高且面临一定的交易不确定性。此外，公司外购牛粪存在安全隐患，会导致疾病、病原菌等的传播，而且外在松散的市场交易模式无法形成稳定的双孢菇种植基质来源。

案例 3-4

宿州市 GFY 畜牧养殖有限公司（简称 GFY）成立于 2016 年，注册资本 500 万元，占地面积 59.2 亩，其中牛舍面积 16.5 亩，是农业产业化市级龙头企业、秸秆综合利用试点县项目饲料化基地。公司发起成立养殖专业合作社、农业产业化联合体各 1 个，目前已完成初期投资 1 500 万元，建有精料库8个、消毒室2个、牛舍7组、青贮池2组、草料棚1个、沉淀池7个，购置吸粪车、粪便运输车、全株青贮收获机、全自动包膜机、大中型铲车等机械设备10余台（套）。公司主要从事肉牛育肥销售，购买5～6月龄西门塔尔架子牛育肥10个月出栏，初始养殖规模仅100头。2018年，年底存栏肉牛800头，出栏1 000余头，平均出栏价为27.6元/kg，利润3 000～5 000元/头，年产值达1亿元。

牛舍内铺土解决了牛粪湿度大的问题，也便于机械清粪，平均清粪频率为1次/月。牛粪清理后集中在阳光棚发酵，该棚可容纳2 000 m^3 牛粪，牛粪堆肥发酵半个月后全部用来养殖蚯蚓。蚯蚓易于养殖，且能机械化收获，平均20头肉牛的粪便可以养殖1亩蚯蚓。公司雇工4～5人养殖蚯蚓52亩，每40天收获1次，鲜蚯蚓平均以18元/kg的价格销售给鱼饵批发商（主要是上海、无锡等地的垂钓中心），除去土地租金、工人工资、引苗等成本，亩均利润高达2万元。此外，1 t牛粪养殖蚯蚓后可产生400～500 kg有机肥，是种植花卉的上佳肥料，销售价格在700元/t左右，蚯蚓地垄间套种果树、套养知了30亩，流转耕地种植青贮玉米500亩，通过种养循环实现多重收益。

2018年底，公司牵头成立粪污处理中心1个（全县成立6个），配套各种粪污处理设施设备，获得政府项目补贴约100万元，为周边乡镇300多家肉牛等畜禽养殖场（户）有偿处理各种养殖粪污，粪污资源化利用产品主要免费赠送给周边3 000余亩山核桃园、500余亩蔬菜大棚、200余亩果园以及普通种植户。公司计划进一步扩大种养规模、发展观光农业、开拓肉牛屠宰业务，但是面临土地流转、审批等难题，资金约束也较大。

案例分析：与JHMY肥料化模式类似，GFY也具有稳定的上游原料供给与下游产品需求，而且下游产品的专用性较强，部分产品以订单的形式直供批发商，甚至养殖规模更大的主体可以与制药企业合作，契约关系更加稳定、市场前景较好。在养殖废弃物基质化利用的基础上，公司有序延长肉牛产业链、丰富养殖废弃物资源化利用模式，拓展至肥料化利用、能源化利用（沼气池已建成，尚未投入使用），形成更大的物质、能量循环圈，创造出更多的利益点。而且牵头成立粪污处理中心，协助其他各类养殖主体处理养殖粪污，不仅能得到政府的支持，还能形成粪污资源化利用的规模经济，与养殖场内部产生的粪污在资源化利用过程中形成互补。如图 3-1 所示，肉牛养殖废弃物基质化利用（养殖蚯蚓）成为该种养循环经济的内核，向外拓展、延伸利益链条，提高养殖废弃物基质化利用的广度与深度，公司拟基于肉牛养殖废弃物基质化利用建设有机肥厂，整合更多分散的养殖废弃物资源进行基质化利用。

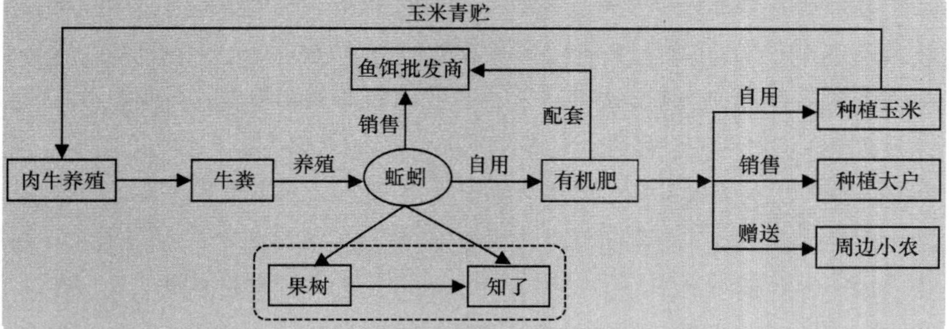

图 3-1　GFY 牛粪基质化利用模式

三、能源化模式

能源化模式主要指将肉牛养殖粪污收集投入沼气池，通过厌氧发酵产生沼气，作为可再生能源使用，同时产生的沼渣、沼液可以还田利用（案例 3-5）。在内蒙古等牧区，牛粪燃烧也属于能源化利用模式。该模式具有较强的地域性特征，推广的普适性较弱，故不在本研究范围之内，本研究中能源化模式专指沼气生产。由于牛粪理化性质的缘故，产气率不高，通常在沼气生产中还会混合秸秆、生活垃圾以及其他畜禽养殖废弃物等一并作为沼气生产的原料，实现多种生产、生活废弃物资源化利用。养殖废弃物能源化利用模式投入成本高、长期稳定运行难度大，小规模养殖场（户）采用的较少。笔者在调研中发现，部分养殖场（户）在当地政府的鼓励下建设小型沼气池，使用一段时间后便搁置废弃，目前该模式常见于大规模养殖场（户）。

案例 3-4

南阳市 YMNY 有限公司（简称 YMNY）成立于 2015 年，注册资本 1 000 万元，肉牛养殖基地占地面积 46 亩，其中育肥区和繁育区各占地 23 亩。公司前身为成立于 2008 年的南召县 YF 优质肉牛养殖场，2012 年发起成立养殖专业合作社，拥有社员 75 户，带动周边 200 多个肉牛养殖场（户）。公司主要养殖西门塔尔牛和当地优良品种南阳黄牛，具体模式为自繁自育自养，目前年平均存栏肉牛 1 000 余头，其中能繁母牛 350 头，出栏肉牛 1 000 头，头均利润 1 000～2 000 元。2016 年，公司投资 200 万元购置各类农业机械为周边县区农户提供农业生产性服务，同时可回收农作物秸秆 3 万亩/年，其中小麦秸秆 4 000 t/年、玉米秸秆 8 000 t/年，分别用作黄贮和青贮，少部分秸秆用作沼气生产或菌类种植的辅料，同时还流转 1 200 亩地，种植构树、核桃、花生、甘薯、玉米等，其中种植 200 亩青贮玉米用于养牛，也能还田利用一部分牛粪。

20 世纪 90 年代国家大力推进农村户用沼气工程建设，公司所在的村庄也曾建设一批户用沼气池，目前仍有少数村民保留使用沼气的传统。为有效处理肉牛养殖废弃物，公司于 2014 年投资建设 2 个沼气池，累计容量达 600 m^3，年可处理湿牛粪 50 t 左右，目前是河南省沼肥生态循环农业基地。沼气池主体建设由政府财政项目全额补贴，其余配套设施成本由公司承担。公司在周边村庄铺设沼气管道，为 70 余户农户提供廉价沼气，平均价格约 1 元/m^3，普通家庭月均用量 30～40 m^3，对于贫困户则免费赠送。目前公司沼气产量的 90%以上供周边居民使用，自用部分不足 10%。沼气生产产生的沼液通过管道还田，沼渣直接还田或作为双孢菇生产的基质。

公司还与南阳市农科院合作成立草腐菌种植基地，利用牛粪、稻草、秸秆等种植双孢菇，生产的双孢菇获得国家有机产品认证。目前双孢菇种植规模达 2 000 m^2，每平方米可利用干牛粪 20～30 kg，年均处理牛粪 88 t，且产生 30 t 有机肥，每年创收 30 万元。2019 年公司又投资 100 万元引进蚯蚓养殖技术，用牛粪和秸秆混合养殖蚯蚓 80 亩，年利用牛粪、沼渣3 840 t。3 种废弃物资源化利用模式累计可利用牛粪 4 000 t/年，不仅缓解了肉牛养殖废弃物处理压力，还创造了可观的经济收益。

案例分析：YMNY 采用养殖废弃物能源化模式的起点高、规模大，具有长远发展规划，不仅局限于沼气生产以及自产自用，还拟通过大规模沼气生产供企业与周边农户使用、沼气发电、提纯并入天然气管网等。这依赖于：一是公司自身养殖规模较大，养殖废弃物产生量较多，形成固定的沼气生产原料；二是公司旗下合作社社员以及辐射带动的肉牛养殖场（户）达 500 余个，构成潜在且相对稳定的养殖废弃物来源，加之公司良好的社会声誉，能够获得足量的其他废弃物资源。该能源化模式运行中仍然面临着一些问题，如气温低时沼气产气量不足或不稳定、管道建设以及维护成本高等。因此，公司采取多重资源化利用模式，同时开展养殖废弃物能源化利用、肥料化利用、基质化利用（双孢菇种植和蚯蚓养殖），养殖废弃物资源化利用及其依附产业逐渐成为公司多元化经营的主要业务之一，其中废弃物能源化利用模式覆盖面最广、嵌入或融合最紧密。

第二节　肉牛养殖废弃物资源化利用模式比较

在个人资源要素禀赋、地区自然环境、区域经济发展水平、政策扶持力度等外在约束条件下形成了如上不同类型的肉牛养殖废弃物资源化利用模式，每一种模式都有其优势与劣势，其产生的特定背景决定着其存在的合理性（王玉斌和李乾，2019）。下文从产生动因、发展优势与劣势、运行机制、普适性以及推广条件等方面对各类肉牛养殖废弃物资源化利用模式进行对比分析（表 3-2）。

表 3-2　不同肉牛养殖废弃物资源化利用模式比较

模式类型	产生动因	发展优势	发展劣势	运行机制	普适性	推广条件
粗放型肥料化模式	环保压力 路径依赖	简便易行	草种、病原菌、寄生虫卵存在	市场化	强	无特殊条件
精细型肥料化模式	环保压力 利益驱动 政策引导	产品易储存、运输；利用效率高	产品销售难；投入大	市场化 政府扶持	弱	资金；技术；加工设备；养殖规模大

续表 3-2

模式类型	产生动因	发展优势	发展劣势	运行机制	普适性	推广条件
基质化模式	环保压力 利益驱动	效益高;多重利用	转入耕地租金高;产品销售难	市场化	强	资金;技术;土地
能源化模式	环保压力 利益驱动 政策引导	清洁;多重利用	沼气纯度低;受地区、天气因素制约	市场化 政府扶持	弱	资金;技术;沼气设施;养殖规模大

注：表中 4 种模式均指由养殖主体实施的养殖废弃物资源化利用模式，非养殖主体参与的情形较少，不在本研究的考虑范围之内。

1. 产生动因

肉牛养殖面临较大的养殖废弃物处理压力，部分地方政府甚至要求所有养殖场（户）必须配套建与养殖规模相匹配的堆粪场、沉淀池等，各级政府部门相关工作人员也经常到养殖场地检查，在这种环保高压下，养殖主体必须高度重视养殖废弃物处理问题，因此环保压力是 4 种养殖废弃物资源化利用模式产生的共性且主要动因之一。在环保压力之下，养殖主体又基于不同的行为动机做出相应的行为决策。在市场经济中，理性人追求个人利益最大化，除粗放型肥料化模式外，其余 3 种模式的实施主体均存在较强的逐利动机，以期通过养殖废弃物资源化利用获得更多收益。精细型肥料化模式和能源化模式也是国家积极倡导的养殖废弃物资源化利用模式，长期以来都有相关的政策及项目支持，因此政策引导也是养殖场（户）选择该两种模式的主要动因之一。粗放型肥料化模式是 4 种模式中发展历史最长的模式，伴随着养殖业的存在而存在，也是养殖主体最容易实施的模式，因此养殖主体在选择该模式时存在较强的路径依赖。

2. 发展优势

存在即合理，4 种肉牛养殖废弃物资源化利用模式的优势契合了不同行为主体的诉求。粗放型肥料化模式的主要优势在于简便易行，是肉牛养殖场（户）长期以来自觉或不自觉践行的养殖废弃物资源化利用模式，在现实中应用较为广泛，拥有较大的利用群体基础。精细型肥料化模式是粗放型肥料化模式的升级版，该模式处理养殖废弃物的量大、效率高，养殖废弃物精深加工便于有机肥产品的储存与运输，市场半径显著扩大，甚至可以在全国范围内流通使用。基质化模式和能源化模式均具有多重利用的特征，养殖废弃物基质化、能源化利用后产生的新“废弃物”还可以再利用，其中基质化利用模式涉及经济作物种植或养殖，经济效益较高，能源化模式可以同时处理其他生产、生活废弃物，封闭处理的技术特性保障了该模式运行的清洁性。

3. 发展劣势

4 种肉牛养殖废弃物资源化利用模式也存在一定的劣势或不足。粗放型肥料化模式因处理较为简单，养殖废弃物中的病原菌、寄生虫卵、草种子等不易被杀死，存在一定的二次污染风险。精细型肥料化模式需要购置有机肥加工设备，资金投入较大，且资产专用性较强。此外，有机肥产品销售市场不易开拓。笔者在调研中发现，许多有机肥加工主体面临产品滞销难题，这与农业生产的季节性、有机肥市场不规范、种植户对有机肥的认知缺乏等有关。基质化模式也面临产品销售的难题，但相对于精细型肥料化模式而言，产品销售难的问题相对较小，其主要劣势源于土地流转，一是集中连片土地获取较为困难；二是土地流转租金高，大幅度增加了基质化利用成本。能源化模式的劣势在于沼气纯度不高，且沼气生产容易受到天气因素的影响，北方地区冬天温度较低，沼气池产气率较低，甚至处于“休眠”状态，因此沼气生产主要出现在南方地区，而且在 4 种肉牛养殖废弃物资源化利用模式中相对较少。

4. 运行机制

在政府环保压力约束下，相对于政策扶持而言，市场化运行是养殖废弃物资源化利用的可持续、长效发展机制，也是当前 4 种肉牛养殖废弃物资源化利用模式的核心运行机制，其关键在于保障养殖废弃物资源化利用产业链的畅通，如产前的原料供应、产中的技术实施、产后的产品销售等，任何一个环节缺位都将导致该模式运行失败或失效。当然，在肉牛养殖废弃物资源化利用初期，政府会提供相应的政策扶持，从当前业已实施的政策措施来看，相关政策主要集中在精细型肥料化模式和能源化模式方面，养殖废弃物资源化利用主体有机会享受到设备购置补贴、有机肥生产补贴、税收优惠或者其他名义的项目扶持，但多数属于一次性扶持，因此上述两种模式的运行机制是市场化运行为主，辅以政府扶持，最终还是走向市场化运行。

5. 普适性

从肉牛养殖规模结构来看，2017 年，我国年出栏 1～9 头、10～49 头、50～99 头肉牛的养殖场（户）分别有 8 980 807 个、354 302 个、565 678 个，累计占当年肉牛养殖场（户）总数量的 99.8%，小规模养殖经营仍然是我国肉牛养殖业的基本面。经过分析可知，小规模养殖场（户）更倾向于选择粗放型肥料化模式，因此粗放型肥料化模式的普适性较强，养殖规模起点较高的精细型肥料化模式和能源化模式的普适性较弱。相较于精细型肥料化模式和能源化模式，基质化模式投入的资产专用性不强，具体发展规模可依据养殖规模、资金实力等动态调整，因此普适性也较强。

6. 推广条件

总结肉牛养殖废弃物资源化利用模式的落脚点在于推广普及相关模式。粗放型肥料化模式是基础性养殖废弃物资源化利用模式，推广普及无特殊条件限制，在该模式向精细型肥料化模式过渡时，加之环保要求，需要配备与养殖规模相匹配的堆粪场、沉淀池，资金投入尚在养殖主体的可承受范围之内。精细型肥料化模式和能源化模式均兼具资本密集型和技术密集型特征，需要购置专用性较强的资产设备，资金投入大、技术要求高，具有较强的规模经济性，尤其是精细型肥料化模式，有机肥加工设备的日加工能力较大，如果养殖规模较小，将会导致设备长期处于闲置状态。基质化模式不仅具有资本密集型和技术密集型特征，还具有土地密集型特征，需要转入一定的土地作为养殖废弃物基质化利用的载体，其要素投入的种类较多。

第三节　肉牛养殖废弃物资源化利用发展趋向

1. 多重资源化利用是一种新趋势

多重资源化利用一方面指肉牛养殖废弃物经过资源化利用后，产生的新“废弃物”再次被资源化利用，如基质化模式和能源化模式（图 3-2）；另一方面是指养殖主体同时采用多种养殖废弃物资源化利用模式，多层次、全方位地进行养殖废弃物资源化利用，形成了一个完备的养殖废弃物资源化利用系统，如案例 3-5 所述。养殖废弃物多重资源化利用规避了单一模式的不足、集聚了单一模式的优点，搭建起养殖主体主业与副业之间的桥梁，有效嵌入养殖主体主营业务产业链之中，通过养殖内部业务间的匹配在一定程度上规避了资产专用性、不确定性和交易频率可能衍生的问题。当然，该利用模式一般需要雄厚的资金实力做支撑。未来随着肉牛养殖规模化水平的提高，将会有更多的养殖主体在养殖废弃物资源化利用层面实现一体化发展，形成更加紧密、协调的种养循环圈或能量循环圈，实现养殖废弃物就地就近高质量资源化利用，创造出更多的经济价值。

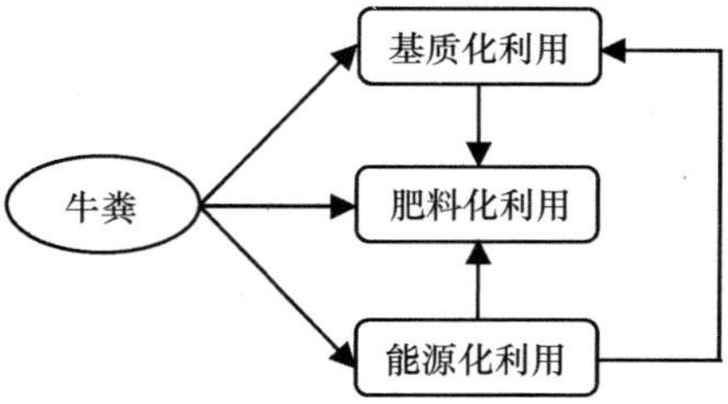

图 3-2　养殖废弃物多重资源化利用模式间的关系

2. 第三方主体的作用将愈加重要

笔者在分析时的假设条件是：养殖废弃物资源化利用的主体是养殖场（户）本身，本研究将之称为原料内源型资源化利用，不进行养殖或者养殖废弃物从他处获得的则称为原料外源型资源化利用。当然，在疾病风险可控的情形下，养殖主体也会有选择地从他处获取养殖废弃物加以利用，即以养殖废弃物内源型资源化利用为主、外源型资源化利用为辅，如案例 3-3 和案例 3-4。现实中，肉牛养殖废弃物外源型资源化利用主要出现在小规模种植户或专业种植户中，且常见于肥料化利用，养殖主体将养殖废弃物赠送或销售给其他需求主体，如养殖场周边乡邻、果蔬种植专业户等。还有一种特殊的情形如案例 3-4 中的粪污处理中心，属于典型的养殖废弃物资源化利用第三方主体。第三方主体参与畜禽粪污资源化利用也是目前政府优先鼓励和支持的方式之一，《全国畜禽粪污资源化利用整县推进项目工作方案（2018—2020 年）》（发改办农经〔2017〕1352 号）指出，“优先支持第三方机构和中小规模养殖场，构建粪污资源化利用的社会化服务机制”。受环保压力影响和国家政策引导，一些畜牧大县已筹建、运行集中处理中心，有的以政府与社会资本合作（PPP）作为主要运营方式，但是还存在一些发展困境亟待破解（舒畅等，2019）。

3. 与农村人居环境整治有效结合

肉牛等畜禽养殖废弃物资源化利用过程中原料不仅是畜禽粪污，还会根据具体资源化利用模式辅以稻草、秸秆、厨余垃圾等生产生活废弃物，有效解决了农作物秸秆焚烧、生活垃圾随意丢弃等难题。尤其是在畜禽养殖废弃物多重资源化利用背景下，其与农村人居环境整治的结合点更多、深度更广，发挥的社会效益、环境效益也更大。如案例 3-5 中，肉牛养殖废弃物能源化、基质化、肥料化综合利用不仅协助小规模种植户、养殖场（户）解决了农作物秸秆、养殖粪污处理难题，还促进农村清洁能源（沼气）使用，增加农村公共产品供给，成为推进农村人居环境整治的有效抓手。

第四节　本章小结

本章基于实地调研，从利用途径视角对当前生产实践中肉牛养殖废弃物资源化利用模式进行划分，并采用多案例研究方法，剖析各种模式产生的动因、发展优势与劣势、运行机制、普适性以及推广条件。得出如下主要结论：

（1）在环保压力、利益驱使以及政策引导下，肉牛养殖废弃物资源化利用实践中形成了肥料化模式（粗放型肥料化模式和精细型肥料化模式）、基质化模式和能源化模式，每一种模式都有其优势与劣势，养殖主体资源要素禀赋、地区自然环境、区域经济发展水平、政策扶持力度等外在约束条件决定着其存在的合理性。

（2）市场化运行是各种模式的核心运行机制，其关键在于保障养殖废弃物资源化利用产业链畅通，如产前的原料供应、产中的技术实施、产后的产品销售等；精细型肥料化模式和能源化模式由于投资较大，发展中会得到一定的政策扶持，但最终还是走向市场化运行。

（3）养殖规模、投资需求、技术含量、设施设备的专用性等决定着不同养殖废弃物资源化利用模式的普适性强弱，也构成了不同模式推广的要件，除粗放型肥料化模式外，其余模式均具有资本密集型和技术密集型特征，基质化模式还兼具土地密集型特征。但综合来看，粗放型肥料化模式和基质化模式的普适性较强，而精细型肥料化模式和能源化模式的普适性较弱。

（4）从肉牛养殖废弃物资源化利用发展趋势来看，养殖废弃物多重资源化利用以及第三方主体参与将会愈加重要，养殖废弃物资源化利用还将与农村人居环境整治紧密结合，助力农村人居环境整治与乡村振兴。

第四章

肉牛养殖废弃物资源化利用意愿分析①

① 本章内容以《An analysis on determinants of farmers' willingness for resource utilization of livestock manure》为题发表于《Waste Management》2021年第120卷。作者为Qian Li, Shoaib Ahmed Wagan, Yubin Wang(通讯作者)，略有修改。

养殖废弃物资源化利用是破解养殖环境污染问题的根本出路，也是促进养殖业绿色高质量发展的重要技术模式支撑。据农业农村部数据显示，当前我国畜禽粪污综合利用率仅为60%，仍有40%的畜禽粪污未得到有效利用，在畜禽粪污存量不断积聚、增量快速增加的背景下提高畜禽养殖废弃物资源化利用率显得尤为迫切。养殖废弃物资源化利用主体可以是养殖场（户）、有机肥加工企业、第三方集中处理中心或其他社会化服务组织等，但是在养殖废弃物资源化利用市场化运行机制尚未发育完善的情形下，养殖场（户）仍然是养殖废弃物资源化利用的核心主体。因此，当前政府工作重点在于提高养殖场（户）参与养殖废弃物资源化利用的积极性。意愿引导行为，提高养殖废弃物资源化利用率的关键在于提高养殖场（户）参与养殖废弃物资源化利用的意愿，核心在于识别养殖场（户）养殖废弃物资源化利用意愿的决定因素。因此，探究肉牛养殖场（户）养殖废弃物资源化利用意愿对推进养殖废弃物资源化利用实践具有重要的现实指导意义。

第一节　理论框架与研究假说

1. 理论基础

Fishbein和Ajzen（1975）于20世纪70年代首次提出了合理行动理论（Theory of Reasoned Action，TRA），指出个体在做出行为决策时，会利用可获得的信息和分析手段对各种潜在的结果进行综合权衡，然后做出行动或不行动的决定，该过程体现了个体的行为意向，而行为意向又由两个因素决定：一是行为态度（Attitude），即个体对某种行为持有的正向或负向评价，取决于个体对采取特定行为后产生的心理预期（张化楠等，2019）；二是主观规范（Subjective Norm），即个体在做出行为决策时所感受到的来自周围的压力，表现为周边机构或个人对自己应不应该采取某种行为决策的看法。合理行动理论进一步扩展形成计划行为理论（Theory of Planned Behavior，TPB），即在原有的理论基础上引入第三个决定行为意向的因素认知行为控制（Perceived Behavioral Control），指个体基于时间与机会的考量，对潜在决策行为掌控程度的感知。计划行为理论对个体行为决策具有较强的解释力和预测力（Myers，2005），在农地流转（甘臣林等，2018）、生态补偿参与（张化楠等，2019）、农户减量施肥（唐艳，2019）、果蔬质量安全控制（张蓓等，2019）、垃圾分类（Tian 等，2019）等方面得到了广泛应用，因此本章以计划行为理论为基础，从行为态度、主观规范和认知行为控制 3 个层面构建肉牛养殖场（户）养殖废弃物资源化利用意愿的理论分析框架（图 4-1），并基于实地调研数据进行实证检验。

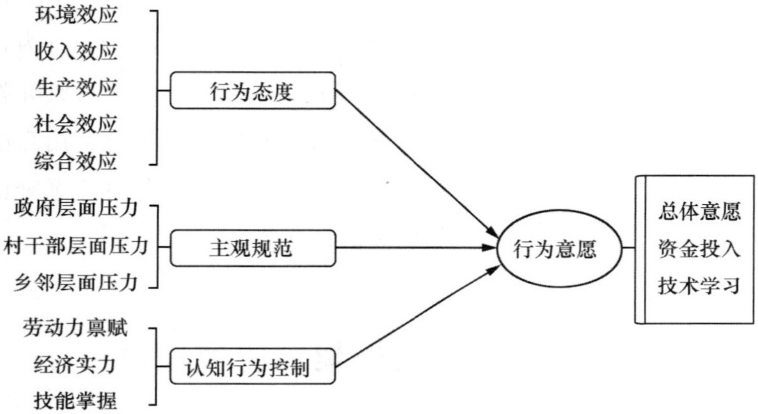

图 4-1　养殖场（户）养殖废弃物资源化利用意愿的理论分析框架

2. 研究假说

作为理性经济人的肉牛养殖场（户），在做出行为决策前，会进行成本收益衡量，其中收益不仅包括经济效益，还包括生态效益和社会效益。经济效益方面，废弃物资源化利用能够及时消纳肉牛养殖废弃物，创造出良好的养殖环境，降低疾病传播概率、促进肉牛健康成长。此外，养殖废弃物资源化利用能够通过有机肥销售创收、粪污还田节本增效等途径提高肉牛养殖经济效益，实现“变废为宝”，因此肉牛养殖场（户）会在潜在经济利益的驱动下主动进行养殖废弃物资源化利用；生态效益和社会效益体现了养殖废弃物资源化利用的正外部性，养殖废弃物得到及时有效资源化利用能够降低废弃物对周边环境的影响，可以合理规避政府的环境污染惩罚，也可以避免与周边乡邻产生矛盾或被举报。因此，肉牛养殖场（户）会在潜在收益损失的驱动下被动实施利他行为，进行养殖废弃物资源化利用。基于此，提出假说H4-1。

假说H4-1

肉牛养殖场（户）对养殖废弃物资源化利用产生的经济效益、生态效益以及社会效益评价越高，也即行为态度越积极，其进行养殖废弃物资源化利用的意愿越强。

虽然肉牛养殖场（户）自身是行为决策的直接主体，但是政府、村干部以及周边乡邻等都是养殖利益相关主体，任何一方的合法权益都不能受到侵害。肉牛养殖会在一定程度上对空气、水、土壤等产生影响，危及公共环境安全。政府基于环保的考虑会对肉牛养殖场（户）采取命令强制型政策、经济激励型政策抑或混合型政策等，引导并约束其养殖行为；村干部在与政府相关部门紧密联系的同时又根植于乡土社会，是政府“代理人”的同时也是村庄的“当家人”（贺雪峰，2002），还是村庄的“成员人”，兼具“三重角色”，对肉牛养殖场（户）行为发挥着多重监督的作用；乡邻基于自身生活不受影响的考虑会对排污养殖场（户）采取劝说、举报等措施，而熟人社会的特质决定着劝说是首选策略。因此，养殖利益相关主体的态度成为肉牛养殖场（户）行为决策的外在约束条件之一，尤其是在当前环保高压下，肉牛养殖场（户）必须重视来自不同利益相关主体的要求或诉求，采取有效的应对措施。基于此，提出假说H4-2。

假说H4-2

肉牛养殖场（户）感知到来自政府层面、村干部层面以及乡邻层面的压力越大，也即主观规范越强，其进行养殖废弃物资源化利用的意愿越强。

从肉牛养殖废弃物资源化利用成本角度来看，养殖废弃物资源化利用需要投入一定的人力、物力、财力等，养殖场（户）通过现有资源要素配置实现收益最大化。技术是肉牛养殖废弃物资源化利用的核心，不同养殖废弃物资源化利用模式对技术要求各异，其中简单堆肥还田模式的技术含量相对较低，在现实中应用较为广泛，生产沼气、加工有机肥等废弃物资源化利用模式技术要求较高；资金是养殖废弃物资源化利用的基础，也是制约肉牛养殖场（户）进行养殖废弃物资源化利用的关键，建设堆粪场、污水池、购买三级处理设施等需要投入大量资金，尤其是购买相关设施设备，而调研中肉牛养殖场（户）普遍反映养殖效益不高、资金周转困难等；劳动力是肉牛养殖废弃物资源化利用的实施主体，其约束一方面直接取决于家庭内部劳动力充裕程度；另一方面则间接取决于资金实力，在内部劳动力不足时可以通过雇工予以补充。因此，肉牛养殖场（户）进行养殖废弃物资源化利用与否以及参与程度受自身资源禀赋约束，充裕的资源要素是其进行养殖废弃物资源化利用的基础保障。基于此，提出假说 H4-3。

假说H4-3

肉牛养殖场（户）对自身劳动力充裕程度、经济实力、技能掌握程度的评价越高，也即认知行为控制越强，其进行养殖废弃物资源化利用的意愿越强。

第二节 模型构建与数据来源

1. 模型构建

本研究基于计划行为理论，主要从肉牛养殖场（户）行为态度（AT）、主观规范（SN）、认知行为控制（BC）3 个维度构建结构方程模型，探究其养殖废弃物资源化利用意愿。由于行为态度、主观规范和认知行为控制均为潜变量，不易被直接观测与准确衡量，因此借鉴崔彬（2013）、王欢（2019）、Bukhari（2020）等的研究，采用结构方程模型（SEM），具体如下：

$$WR = \beta_{1i} WR_i + \varepsilon_1 \tag{4-1}$$

$$AT = \beta_{2i} AT_i + \gamma_1 WR + \varepsilon_2 \tag{4-2}$$

$$SN = \beta_{3i} SN_i + \gamma_2 WR + \varepsilon_3 \tag{4-3}$$

$$BC = \beta_{4i} BC_i + \gamma_3 WR + \varepsilon_4 \quad (4\text{-}4)$$

公式（4-1）至公式（4-4）所示结构方程模型中，WR 表示行为意愿潜变量；AT 表示行为态度潜变量；SN 表示主观规范潜变量；BC 表示认知行为控制潜变量；WR_i 表示行为意愿潜变量对应的可观测变量向量；AT_i 表示行为态度潜变量对应的可观测变量向量；SN_i 表示主观规范潜变量对应的可观测变量向量；BC_i 表示认知行为控制潜变量对应的可观测变量向量；i 取值 1、2、3……，表示可观测变量个数；γ_1，γ_2 和 γ_3 表示潜变量之间的路径系数；β_{1i}，β_{2i}，β_{3i} 和 β_{4i} 表示潜变量与可观测变量之间的载荷系数；ε_1，ε_2，ε_3 和 ε_4 表示残差项。

2. 量表设计

笔者借鉴已有相关研究，并通过专家咨询与实地调研，最终确定 4 个潜变量所对应的可观测变量 14 个，其中：

（1）行为态度指标 5 个。分别为肉牛养殖废弃物资源化利用的环境效应（AT_1）、肉牛养殖废弃物资源化利用的收入效应（AT_2）、肉牛养殖废弃物资源化利用的生产效应（AT_3）、肉牛养殖废弃物资源化利用的社会效应（AT_4）、肉牛养殖废弃物资源化利用的综合效应（AT_5）。

（2）主观规范指标 3 个。分别为肉牛养殖场（户）养殖废弃物资源化利用面临来自政府层面的压力（SN_1）、肉牛养殖场（户）养殖废弃物资源化利用面临来自村干部层面的压力（SN_2）、肉牛养殖场（户）养殖废弃物资源化利用面临来自乡邻层面的压力（SN_3）。

（3）认知行为控制指标 3 个。分别为肉牛养殖场（户）养殖废弃物资源化利用的劳动力禀赋（BC_1）、肉牛养殖场（户）养殖废弃物资源化利用的经济实力（BC_2）、肉牛养殖场（户）养殖废弃物资源化利用的技能掌握（BC_3）。

（4）行为意愿指标 3 个。分别为肉牛养殖场（户）养殖废弃物资源化利用的总体意向（WR_1）、肉牛养殖场（户）养殖废弃物资源化利用的资金投入意向（WR_2）、肉牛养殖场（户）养殖废弃物资源化利用的受训学习意向（WR_3）。

如上所有测度题目（可观测变量）均采用李克特五级量表，即各变量取常数值 1～5，其中 1 代表的正向强度最弱，5 代表的正向强度最强，具体题项如表 4-1 所示。

表 4-1　养殖场（户）养殖废弃物资源化意愿的测度题项及代码

潜变量	测度题项	代码
行为态度（AT）	牛粪资源化利用对改善环境有利	AT_1
	牛粪资源化利用增加了养殖收入	AT_2
	牛粪资源化利用促进了肉牛健康生长	AT_3
	牛粪资源化利用改善了邻里关系	AT_4
	牛粪资源化利用是未来发展的必然趋势	AT_5
主观规范（SN）	政府认为我应该进行牛粪资源化利用	SN_1
	村干部认为我应该进行牛粪资源化利用	SN_2
	周边乡邻认为我应该进行牛粪资源化利用	SN_2
认知行为控制（BC）	我有足够的时间/员工进行牛粪资源化利用	BC_1
	我有经济实力进行牛粪资源化利用	BC_2
	我有一定的技能进行牛粪资源化利用	BC_3
行为意愿（WR）	是否愿意进行牛粪资源化利用	WR_1
	是否愿意在牛粪资源化利用上投入资金购买设备等	WR_2
	是否愿意主动参与牛粪处理相关培训、学习相关技术	WR_3

注：本表所列相关问题在调研时以牛粪为调研或研究对象，故此处直接用牛粪代指肉牛养殖废弃物。

3. 数据来源

本章所用数据来源于国家社会科学基金项目“肉牛养殖废弃物资源化利用模式选择、利益分配与政策设计研究”课题组 2018 年 7—8 月在中原肉牛主产省河南省的实地调研。课题组首先于 2018 年 7 月在河南省驻马店市进行预调研，根据预调研情况对问卷进行调整完善，并于 2018 年 8 月开展正式调研。调研采取多阶段分层随机抽样的方式，首先综合考虑河南省各市经济发展水平、区域位置以及肉牛养殖规模等，选取驻马店、开封、洛阳以及南阳 4 个地级市。4 个地级市均属于肉牛养殖大市，4 个市 2016 年肉牛存栏量之和占全省肉牛存栏总量的 35.8%①，能够很好地代表肉牛主产省河南，而中原肉牛主产区（河南、山东、河北、安徽）肉牛存栏量约占全国的 16.9%，因此样本在全国

① 由于统计年鉴中没有统计各市肉牛存栏量，用 4 个市牛存栏量与全省牛存栏量比重近似表示。

层面也具有很好的代表性，确保了研究结果在更广范围内适用。按照同样的方法，每个样本市选取 3 个样本县（区或市），每个样本县（区或市）随机选取 25 个肉牛养殖场（户），通过一对一访谈的形式进行问卷调研，预计获得调研问卷 300 份，实际获得问卷 289 份，根据本研究需要，剔除关键变量缺失、错误等无效问卷后，最终得到有效问卷 276 份①，问卷有效率为 95.5%。

此处主要对肉牛养殖场（户）的行为态度、主观规范、认知行为控制和行为意愿进行描述性统计分析，详见图 4-2 至图 4-5。样本的其他描述性统计分析将在后续章节中展开。

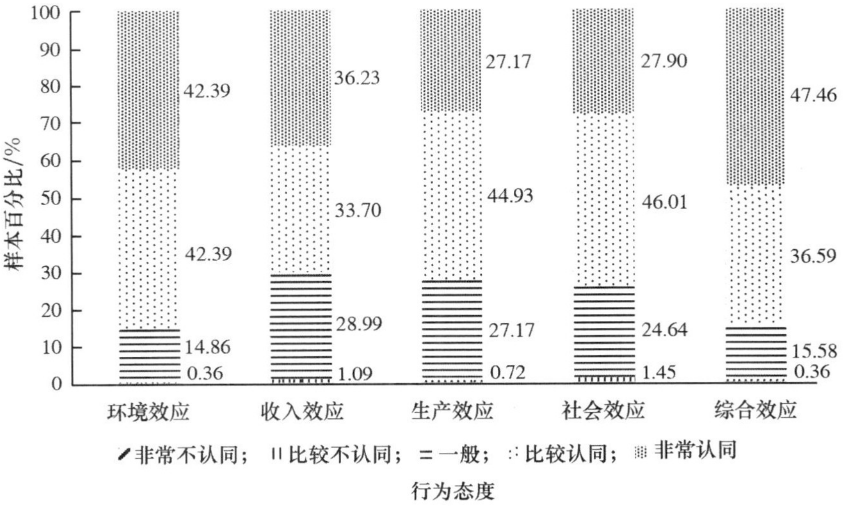

图 4-2　养殖场（户）的行为态度分布

在关于肉牛养殖废弃物资源化利用的环境效应、收入效应、生产效应、社会效应以及综合效应评价中，均不存在非常不认同的养殖场（户），而且比较不认同的养殖场（户）分别仅有 1 个、3 个、2 个、4 个和 1 个，占总体样本的比重微乎其微。相反，对肉牛养殖废弃物资源化利用 5 种效应非常认同和比较认同的占比均位居单个效应评价的前两位，其中在关于综合效应和环境效应的评价中，非常认同和比较认同的肉牛养殖场（户）合计占比分别达

① 由于肉牛养殖场（户）较为分散，调研难度较大，同等情况下，样本量大小难以与普通农户调研样本量相比，从既有研究经验来看，本研究抽样方式以及样本量可以有效支撑本研究且具有一定的代表性。

到 84.78%和 84.05%。总体来看，肉牛养殖场（户）对养殖废弃物资源化利用的行为态度较为积极。对比肉牛养殖场（户）关于养殖废弃物资源化利用环境效应、收入效应、生产效应和社会效应的行为态度可以发现，养殖废弃物资源化利用的环境效应评价①最高，其次为社会效应，生产效应和收入效应的评价相对偏低。因为，现实中肉牛养殖场（户）更倾向于把牛粪当作一种负担，资源化利用程度较低，牛粪价值没有更好地体现出来，养殖场（户）进行养殖废弃物资源化利用主要是为了避免污染环境而受到惩罚或者与乡邻产生矛盾。

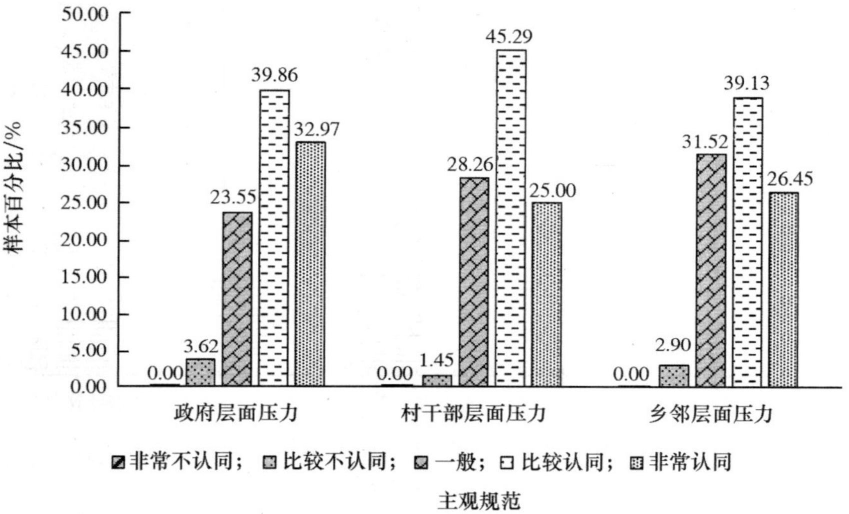

图 4-3　养殖场（户）的主观规范分布

肉牛养殖场（户）的主观规范分布如图 4-3 所示，与养殖场（户）的行为态度分布一样，在来自政府、村干部以及乡邻 3 个层面的压力评价中，均不存在非常不认同的养殖场（户），但是比较不认同的养殖场（户）占比分别为 3.62%、1.45%和 2.9%，存在少数肉牛养殖场（户）感知到外界的压力较小，自身行为意愿并不会因为外在感知压力而改变。从非常认同和比较认同两个评价结果来看，肉牛养殖场（户）对来自政府层面的压力评价最高，其次为村干部层面，来自乡邻层面压力的评价最低，表明在促进肉牛养殖场

① 非常认同和比较认同的养殖场（户）合计占比，下同。

(户)进行养殖废弃物资源化利用方面，政府层面强制性规定或引导性宣传的作用效果强于村干部和乡邻层面的要求与劝说。

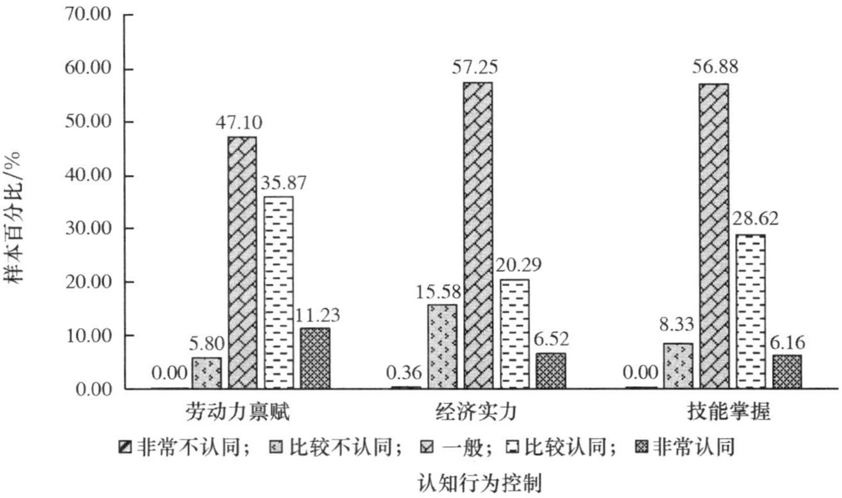

图 4-4 养殖场(户)的认知行为控制分布

在肉牛养殖场(户)的认知行为控制中，有 1 个养殖场(户)非常不认同自己有经济实力进行养殖废弃物资源化利用，而且非常认同评价的占比较低，在劳动力禀赋、经济实力以及技能掌握 3 个方面的占比分别仅为 11.23%、6.52%和 6.16%，远低于养殖场(户)行为态度和主观规范各衡量指标中非常认同评价的占比。对比认知行为控制三个衡量指标，养殖场(户)的评价结果分布较为一致，由高到低均依次为一般、比较认同、比较不认同、非常认同和非常不认同，其中回答一般的养殖场(户)在经济实力和技能掌握两个方面的占比均超过 50%，分别为 57.25%和 56.88%。由此可见，肉牛养殖场(户)并不普遍认为自己有足够的劳动力、金钱、技能进行养殖废弃物资源化利用，尤其是经济实力，非常认同和比较认同自己有经济实力进行养殖废弃物资源化利用的仅占总体样本的 26.81%，调研中发现 84.78%的肉牛养殖场(户)反映存在资金周转困难。

如图 4-5 所示，肉牛养殖场(户)养殖废弃物资源化利用的总体意愿程度较高，分别有 37.32%和 43.48%的养殖场(户)非常愿意、比较愿意进行养殖废弃物资源化利用，二者合计占比高达 80.80%，极少数养殖场(户)不愿

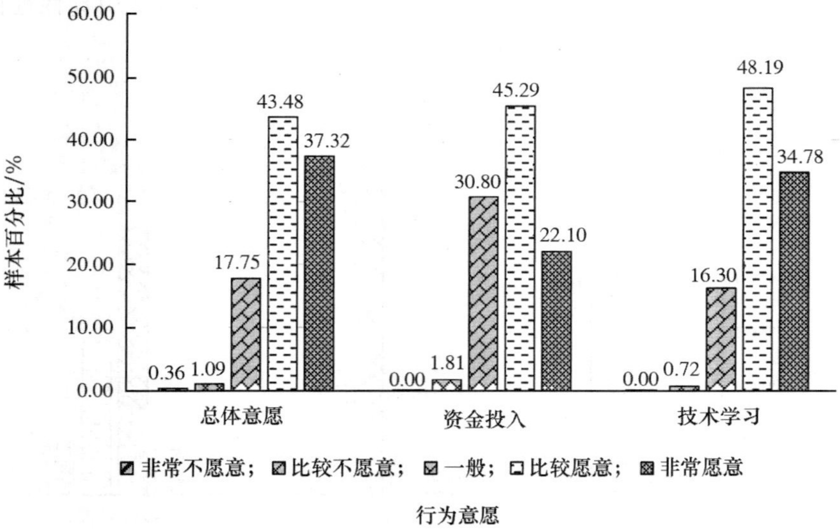

图 4-5　养殖场（户）的行为意愿分布

意进行养殖废弃物资源化利用。从肉牛养殖废弃物资源化利用资金投入和技术学习来看，非常愿意和比较愿意的肉牛养殖场（户）在技术学习中占比都高于资金投入，表明养殖场（户）更倾向于学习养殖废弃物资源化利用技术，尤其是政府等第三方组织提供的免费培训，从图 4-4 也可以看出，6.16％和 28.62％的肉牛养殖场（户）非常认同和比较认同自己有一定的技能进行养殖废弃物资源化利用。虽然肉牛养殖场（户）普遍存在资金周转困难，但是仍有 22.10％和 45.29％的养殖场（户）愿意在养殖废弃物资源化利用上投入资金购买设施设备等，肉牛养殖场（户）进行养殖废弃物资源化利用的资金投入意愿与技术学习意愿总体上是积极的。

第三节　实证检验与结果分析

模型可识别是结构方程模型进行参数估计的前提，识别结果包括正好识别、过度识别和低度识别，其中正好识别和过度识别时可以进行参数估计，但是正好识别时模型整体适配度检验统计指标中χ^2值为 0，其余统计指标均无法估计，而且正好识别并不具备实际应用价值（Tabachnica 和 Fidell，2007），因此过度识别是理想的识别结果。采用 t 检验法则，假定 p，q 以及 t 分别为模型中外因测量指标，内因测量指标个数以及待估计的自由参数个数，则模型的自由度 df 可以表示为 $(p+q)(p+q+1)/2-t$。如果 df 为正值，模型为过度识别；如果 df 为零值，模型为正好识别；如果 df 为负值，模型为低度识别。本研究结构方程模型中共有外因测量指标 11 个，内因测量指标 3 个，待估计的自由参数 34 个，计算可得自由度为 71，显著为正，表明模型为过度识别模型，可以进行参数估计。

1. 问卷信度检验

调查者的陈述清晰度以及被调查者接受调查的态度等都会对问卷的信度产生直接影响，因此在使用调查数据前需要通过信度分析以检验问卷的稳定性和一致性。信度包括内部信度和外部信度。外部信度指量表在不同时间测量时表现出的一致性，一般通过重复测量予以检验，操作成本较高；内部信度指某一构念下的所有测量问题是否一致指向该构念，可以通过数据处理的技术手段予以检验，因此通常采用内部一致性系数（Cronbach's α 值）检验。本研究综合运用 SPSS20.0 和 Amos22.0 对行为态度、主观规范、认知行为控制以及行为意愿 4 个潜变量中的 14 个可观测变量进行信度检验，结果如表 4-2 所示。4 个潜变量的 Cronbach's α 值在 0.827～0.913，且总量表的 Cronbach's α 值为 0.879，均大于一般判别标准值 0.70；4 个潜变量的组合信度在 0.830～0.914，均大于一般判别标准值 0.60，综合表明本研究中量表的信度较好。

2. 问卷效度检验

通过效度分析可以检验问卷是否真实获得了预期调研内容，也即调研结果与预期目标之间的接近程度，常用的检验方法包括内容效度检验、准则效度检验和结构效度检验，本研究选择其中的内容效度和结构效度进行检验。

（1）内容效度方面。本研究首先基于相关文献与理论研究设计调查问卷，并咨询畜牧业经济与技术岗位专家，而且正式调研前开展了案例调研与问卷预调研，综合相关专家建议与实际调研情况对问卷进行修改完善，确保问卷设计合理、样本有效。

（2）结构效度方面。首先进行探索性因子分析，运用 SPSS20.0 采用最大方差法进行因子正交旋转，以特征值大于 1 为标准分别对 4 个潜变量和总体潜变量提取因子，结果如表 4-2 所示，4 个潜变量的 KMO 值在 0.706～0.850，

表 4-2　结构方程模型信度与效度检验结果

潜在变量	可观测变量	因素负荷量	Cronbach's α 值	KMO 值	Bartlett 球形检验	组合信度	平均方差提取
行为态度（AT）	AT_1	0.755	0.851	0.850	543.489（p=0.000）	0.853	0.537
	AT_2	0.756					
	AT_3	0.746					
	AT_4	0.712					
	AT_5	0.692					
主观规范（SN）	SN_1	0.916	0.913	0.754	576.987（p=0.000）	0.914	0.780
	SN_2	0.886					
	SN_3	0.847					
知觉行为控制（BC）	BC_1	0.819	0.845	0.724	345.059（p=0.000）	0.846	0.648
	BC_2	0.831					
	BC_3	0.763					
行为意愿（WR）	WR_1	0.814	0.827	0.706	313.504（p=0.000）	0.830	0.619
	WR_2	0.789					
	WR_3	0.756					

总量表的 KMO 值为 0.857，均大于一般判别标准值 0.70，且 Bartlett 球形检验的近似卡方值均在 1%的统计水平上显著，表明问卷效度良好。从单因子赋值来看，14 个可观察变量的因素负荷量在 0.692～0.916，均大于一般判别标准值 0.60，也表明模型具有较好的信度和效度。结构效度又可分为收敛效度和区别效度，用平均方差提取值（Average Variance Extracted）评价问卷的收敛效度，如表 4-2 所示，4 个潜变量的平均方差提取值在 0.537～0.780，均大于一般判别标准值 0.50，表明问卷收敛效度良好；区别效度检验结果如表 4-3 所示，任何两个潜变量之间未限制模型和限制模型的自由度差异均为 1，卡方差异值在 108.043～151.129，且卡方差异值显著性检验的概率值 p 均小于 0.05，达到显著水平，表明四个潜变量间的区别效度较佳①。综合来看，本问卷的结构效度较好。

表 4-3　结构方程模型潜变量间区别效度检验结果

分类	Model	DF	CMIN	P	NFI Delta-1	IFI Delta-2	RFI rho-1	TLI rho-2
AT 与 SN	限制模型	1	150.949	0.000	0.129	0.131	0.178	0.182
AT 与 BC	限制模型	1	151.129	0.000	0.159	0.162	0.22	0.227
AT 与 WR	限制模型	1	132.329	0.000	0.134	0.137	0.183	0.188
SN 与 BC	限制模型	1	145.822	0.000	0.154	0.155	0.254	0.258
SN 与 WR	限制模型	1	108.043	0.000	0.113	0.114	0.184	0.187
BC 与 WR	限制模型	1	121.825	0.000	0.165	0.167	0.269	0.275

注：假定未受限制模型正确。

3. 模型适配度检验

模型适配度用来评价构建的路径分析模型与调研所得数据是否相互适配，也即理论模型与实际数据是否匹配。根据 Hair 等（1998）的建议，模型适配度检验前先进行违规估计检验，检验结果如表 4-4 所示，不存在负的误差方差、协方差间标准化估计系数的相关系数均小于 1、标准化参数系数均小于

① 采用各潜变量平均方差提取值的平方根与潜变量间相关系数进行比较判断，如果某一潜变量平均方差提取值的平方根大于与其他潜变量的相关系数，则量表的区别效度较好，结果（详见附录 1）同样表明本研究量表的区别效度较好。

0.95、不存在非常大的标准误、协方差矩阵或相关矩阵是正定矩阵，表明本模型不存在违规估计现象。接着进行模型整体适配度检验，从绝对适配度、增值适配度以及简约适配度3个层面进行检验（吴明隆，2010），结果如表4-5所示，除χ^2值外，其余适配度指标均通过显著性检验，总体而言，本研究构建的理论模型与实际数据匹配良好。

表4-4　结构方程模型违规估计检验结果

评价指标	检验结果值	模型适配判断
没有负的误差方差	均为正值	是
协方差间标准化估计值的相关系数不大于1	0.156～0.812	是
标准化参数系数是否小于0.95	0.692～0.916	是
没有非常大的标准误	0.042～0.097	是
协方差矩阵或相关矩阵是正定矩阵	是	是

表4-5　结构方程模型整体适配度检验结果

统计检验量	适配标准或临界值	检验结果值	模型适配判断
绝对适配度指数			
χ^2值	$p>0.05$(未达到显著水平)	$p=0.000$	否
RMR值	<0.05	0.029	是
RMSEA值	<0.05为优良；<0.08为良好	0.056	是
GFI值	>0.90	0.936	是
AGFI值	>0.90	0.905	是
增值适配度指数			
NFI值	>0.90	0.937	是
RFI值	>0.90	0.919	是
IFI值	>0.90	0.969	是
TLI值(NNFI值)	>0.90	0.960	是
CFI值	>0.90	0.969	是
简约适配度指数			
PGFI值	>0.50	0.633	是
PNFI值	>0.50	0.731	是
PCFI值	>0.50	0.756	是
CN值	>200	133.222	否

续表 4-5

统计检验量	适配标准或临界值	检验结果值	模型适配判断
χ^2自由度比	＜2.00	1.876	是
AIC 值	理论模型值小于独立模型值，且同时小于饱和模型值	201.222＜210.000，201.222＜2 129.276	是
CAIC 值	理论模型值小于独立模型值，且同时小于饱和模型值	358.316＜695.142，358.316＜2 193.962	是

4. 结果分析与解释

运用最大似然估计法估计本模型，结果如表 4-6 所示。结构方程模型各参数均通过显著性检验，表明行为态度、主观规范、认知行为控制以及行为意愿之间相互影响关系存在，肉牛养殖场（户）行为态度、主观规范和认知行为控制对其养殖废弃物资源化利用意愿具有显著正向促进作用。对比三者的影响效应①大小，行为态度对肉牛养殖场（户）参与养殖废弃物资源化利用意愿的影响效应最大，为 0.385，其次是认知行为控制，为 0.299，主观规范对肉牛养殖场（户）养殖废弃物资源化利用意愿的影响效应最小，仅为 0.240，该结论与宾慕容等（2017）的研究结果相一致，表明行为态度是影响肉牛养殖场（户）养殖废弃物资源化利用意愿的主要驱动力，外在因素对其影响相对较小，但不容忽视。

表 4-6 结构方程模型路径系数估计结果

路径	未标准化路径系数	标准误	C. R. 值	结果	标准化路径系数
AT→WR	0.448	0.085	5.281	接受	0.385
SN→WR	0.197	0.049	4.014	接受	0.240
BC→WR	0.300	0.069	4.355	接受	0.299
AT_1→AT	1.000	—	—	—	0.755
AT_2→AT	1.161	0.097	12.000	接受	0.756
AT_3→AT	1.042	0.088	11.848	接受	0.746

① 本研究中各潜变量之间仅存在直接作用路径，因此外生潜变量（行为态度、主观规范和认知行为控制）对内生潜变量（养殖废弃物资源化利用意愿）仅存在直接影响效应，直接效应即为总效应，且直接效应大小等于标准化路径系数。

续表 4-6

路径	未标准化路径系数	标准误	C.R.值	结果	标准化路径系数
$AT_4 \rightarrow AT$	1.004	0.089	11.298	接受	0.712
$AT_5 \rightarrow AT$	0.946	0.086	10.978	接受	0.692
$SN_1 \rightarrow SN$	1.000	—	—	—	0.916
$SN_2 \rightarrow SN$	0.880	0.042	20.846	接受	0.886
$SN_3 \rightarrow SN$	0.907	0.047	19.329	接受	0.847
$BC_1 \rightarrow BC$	1.000	—	—	—	0.819
$BC_2 \rightarrow BC$	1.028	0.075	13.675	接受	0.831
$BC_3 \rightarrow BC$	0.866	0.068	12.830	接受	0.763
$WR_1 \rightarrow WR$	1.000	—	—	—	0.814
$WR_2 \rightarrow WR$	0.957	0.074	12.972	接受	0.789
$WR_3 \rightarrow WR$	0.856	0.069	12.484	接受	0.756

行为态度对肉牛养殖场（户）养殖废弃物资源化利用意愿影响的标准化回归系数为0.385，在1%的统计水平上显著，表明肉牛养殖场（户）对养殖废弃物资源化利用的认知态度越积极，其参与养殖废弃物资源化利用的意愿越强，假说H4-1得到证实。在行为态度5个测量指标中，肉牛养殖废弃物资源化利用环境效应（AT_1）的标准化路径系数为0.755、收入效应（AT_2）的标准化路径系数为0.756、生产效应（AT_3）的标准化路径系数为0.746、社会效应（AT_4）的标准化路径系数为0.712、综合效应（AT_5）的标准化路径系数为0.692，总体来看，肉牛养殖场（户）对养殖废弃物资源化利用各效应的行为态度相当，收入效应相对占据绝对优势，综合效应的贡献相对最小。肉牛养殖场（户）是追求个人利益最大化的市场经济行为主体，在环保高压等情形下，其个人利益边界由经济效益拓展至社会效益以及生态效益，而且对具有正外部性的生态效益表现出较强的正向认知，共同促进养殖场（户）积极参与养殖废弃物资源化利用。

主观规范对肉牛养殖场（户）养殖废弃物资源化利用意愿影响的标准化回归系数为0.240，在1%的统计水平上显著，表明肉牛养殖场（户）受到来自外界规范的压力越大，其参与养殖废弃物资源化利用的意愿越强，假说H4-2得到证实。在主观规范3个测量指标中，政府层面压力（SN_1）的标准化路径系数为 0.916、村干部层面压力（SN_2）的标准化路径系数为 0.886、乡邻层面压力（SN_3）的标准化路径系数为 0.847，表明来自政府层面的压力是肉牛养殖场（户）主观规范的重要来源，村干部和乡邻层面压力的贡献程度相对较小。从政府到村干部再到乡邻，肉牛养殖场（户）感受到的外界压力逐渐递减，符合压力来源的内在属性特质，政府层面的压力主要体现为正式制度的约束，具有国家强制性，而乡邻层面的压力主要体现为非正式制度的舆论、道德约束等，强制性较弱，但在熟人社会中扮演着比法律规范更强有力的约束作用（王泗通，2016），而处于中间层面的村级规范的本质则介于正式制度与非正式制度之间，兼而有之。

事实上，作为根植于乡土社会的肉牛养殖场（户），不得不重视周边乡邻的反馈，一方面，大多数养殖主体隶属于村庄这一熟人社会群体，人情机制使得熟人社会成为一张微观权力关系网，其中的每个个体都能承载人情规范（陈柏峰，2011），很容易形成舆论效应（王泗通，2016）；另一方面，周边乡邻基于自身生活环境不受干扰的考虑会举报养殖污染行为，调研中少数肉牛养殖场（户）因养殖环境问题被邻居举报，由此非正式制度约束上升为正式制度约束，因此来自不同层面的社会压力对肉牛养殖场（户）参与养殖废弃物资源化利用意愿的影响都至关重要，养殖场（户）感受到来自政府、村干部以及周边乡邻的压力越大，其进行养殖废弃物资源化利用意愿的动机越强。

认知行为控制对肉牛养殖场（户）养殖废弃物资源化利用意愿影响的标准化回归系数为 0.299，在 1%的统计水平上显著，表明肉牛养殖场（户）认知行为控制越强，其参与养殖废弃物资源化利用的意愿也越强，假说 H4-3 得到证实。在认知行为控制 3 个测量指标中，劳动力禀赋（BC_1）的标准化路径系数为 0.819、经济实力（BC_2）的标准化路径系数为 0.831、技能掌握（BC_3）的标准化路径系数为 0.763，表明时间或劳动力禀赋以及经济实力是肉牛养殖场（户）认知行为控制的核心要素，其中又以经济实力最为重要，技能掌握对认知行为控制的贡献程度相对较小。调研中发现，肉牛养殖废弃物资源化利用以技术含量低的简易堆肥还田为主，属于劳动密集型养殖废弃物资源化利用模式，养殖场（户）拥有的知识技能来源于传统养殖经验，相较于沼气生产、商品有机肥加工等技术密集型养殖废弃物资源化利用模式，其知识技能明显不足，因此养殖场（户）认知行为控制在技能掌握方面偏弱。

养殖场（户）养殖废弃物资源化利用行为建立在劳动力、资金、技术等投入约束条件下，虽然肉牛养殖资金投入量大、盈利周期长，且调研中多数养殖场（户）反映资金周转困难，但是对于简易或初级的养殖废弃物资源化利用模式来说，各种要素投入相对较小，养殖场（户）有一定的劳动力禀赋、经济实力以及知识技能进行养殖废弃物资源化利用。

第四节　本章小结

本章基于计划行为理论，从行为态度、主观规范和认知行为控制 3 个层面构建养殖场（户）养殖废弃物资源化利用意愿理论模型，并基于肉牛养殖场（户）微观调研数据进行实证检验，得到如下研究结论：

（1）肉牛养殖场（户）行为态度、主观规范以及认知行为控制对其养殖废弃物资源化利用意愿具有显著正向影响，其中行为态度的影响作用最大，其余依次为认知行为控制、主观规范。

（2）肉牛养殖场（户）对养殖废弃物资源化利用各效应的行为态度相当，主动或被动地考虑养殖废弃物资源化利用的经济效益、社会效益以及生态效益。

（3）来自政府层面的压力是肉牛养殖场（户）主观规范的重要来源，村干部和乡邻层面压力的贡献相对较小。

（4）时间或劳动力禀赋以及经济实力是肉牛养殖场（户）养殖废弃物资源化利用的核心制约因素，技能掌握的约束相对较小。

第五章

肉牛养殖废弃物资源化利用模式选择

肉牛养殖废弃物资源化利用的重点在于末端产品利用，稳定的产品去向是养殖废弃物资源化利用可持续发展的前提保障。作为养殖废弃物资源化利用的核心主体，肉牛养殖场（户）决定着养殖废弃物资源化利用模式选择。本研究第三章和第四章分别从典型模式和养殖场（户）意愿两个层面探究了肉牛养殖废弃物资源化利用，那么产品去向视角下肉牛养殖场（户）参与养殖废弃物资源化利用的实际行为又是如何？哪些因素影响着其资源化利用模式选择？有鉴于此，本章从废弃物资源化产品去向视角探究肉牛养殖场（户）养殖废弃物资源化利用模式选择的行为动机，以期更加全面地掌握现实中肉牛养殖废弃物资源化利用现状，明晰肉牛养殖场（户）实际行为偏好，精准施策推进肉牛养殖废弃物资源化利用。

第一节　模型构建与数据来源

1. 模型构建

调研发现，当前肉牛养殖废弃物资源化利用主要以还田为主，包括鲜粪直接还田、简单堆肥还田或初加工还田，用肉牛养殖废弃物生产沼气、深加工有机肥、养殖蚯蚓等资源化利用方式相对较少。本章基于废弃物资源化产品去向视角，将当前生产实践中肉牛养殖废弃物资源化利用模式划分为赠送给周边种植户（简称为赠送模式）、销售给他人（简称为销售模式）以及自己使用（简称为自用模式）3 种模式。

已有研究发现，养殖场（户）在将养殖废弃物赠予与销售给周边种植户之间、赠予给周边种植户与销售给粪污经销商之间、销售给周边种植户与销售给粪污经销商之间的选择行为具有显著的替代效应（舒畅等，2017）。而且，考虑到同一个体的不可观测因素可能同时影响上述 3 种肉牛养殖废弃物资源化利用模式选择，单一回归模型存在结果的偏差，虽然少数学者通过多变量 Probit 模型予以克服，但是该方法无法考虑不同养殖废弃物资源化利用模式中废弃物利用比重的差异。有鉴于此，本研究采用似不相关回归（Seemingly Unrelated Regression，SUR）模型，对各方程进行联合估计以提高估计效率。

SUR模型的一般形式为，假定有 n 个方程（即 n 个被解释变量），每个方程有 m 个观测值（即样本量为 m，且 $m>n$），第 i 个方程有 K_i 个解释变量（K_i 可以相同，也可以不相同）（陈强，2016）。则第 i 个方程可表达如下：

$$y_i = X_i\beta_i + \varepsilon_i \qquad (i = 1,2,\cdots,n) \tag{5-1}$$

公式（5-1）中，y_i 为被解释变量；X_i 为一组解释变量（包括常数项）；β_i 为待估计参数向量；ε_i 为随机扰动项。

将所有方程叠放在一起可得公式（5-2）：

$$y \equiv \begin{pmatrix} y_1 \\ y_2 \\ \vdots \\ y_n \end{pmatrix} = \begin{pmatrix} X_1 & 0 & \cdots & 0 \\ 0 & X_2 & \cdots & 0 \\ \vdots & \vdots & & \vdots \\ 0 & 0 & \cdots & X_n \end{pmatrix} \begin{pmatrix} \beta_1 \\ \beta_2 \\ \vdots \\ \beta_n \end{pmatrix} + \begin{pmatrix} \varepsilon_1 \\ \varepsilon_2 \\ \vdots \\ \varepsilon_n \end{pmatrix} \equiv X\beta + \varepsilon \tag{5-2}$$

假定如上各方程的协方差矩阵为 Ω，Ω 可以表达为如下公式（5-3）：

$$\Omega \equiv \mathrm{Var}\begin{pmatrix} \varepsilon_1 \\ \varepsilon_2 \\ \vdots \\ \varepsilon_n \end{pmatrix} = \mathrm{E}\begin{pmatrix} \varepsilon_1 \\ \varepsilon_2 \\ \vdots \\ \varepsilon_n \end{pmatrix}(\varepsilon'_1\varepsilon'_2\cdots\varepsilon'_n) = \begin{pmatrix} \sigma_{11}I & \sigma_{12}I & \cdots & \sigma_{in}I \\ \sigma_{21}I & \sigma_{22}I & \cdots & \sigma_{2n}I \\ \vdots & \vdots & & \vdots \\ \sigma_{n1}I & \sigma_{n2}I & \cdots & \sigma_{nn}I \end{pmatrix} \tag{5-3}$$

对于协方差矩阵 Ω，存在以下两种情形：一是同一个体在不同回归方程中对应的随机扰动项之间不相关，则 Ω 中除对角线以外的矩阵均为零矩阵，即 Ω 为对角矩阵，此时可以分别对各方程进行回归分析；二是同一个体在不同回归方程中对应的随机扰动项之间存在相关性，此时 Ω 中对角线以外的矩阵均不是零矩阵，即 Ω 为非对角矩阵，若分别对各方程进行回归分析则估计结果有偏，通过似不相关回归可以提高估计效率。

2. 数据来源

本章所用数据与第四章中所用数据来源一致，不再赘述。

3. 变量选择

（1）被解释变量。如前文所述，本章将肉牛养殖废弃物资源化利用模式划分为赠送模式、销售模式以及自用模式3种，调研中获取肉牛养殖场（户）分别通过该3种模式利用养殖废弃物量占养殖废弃物总量的比重，3种模式利用肉牛养殖废弃物比例之和等于 1。因此，分别以肉牛养殖废弃物赠送比例（Y_1）、销售比例（Y_2）以及自用比例（Y_3）为被解释变量。

（2）解释变量。根据第一章中的文献综述，并借鉴已有相关研究经验，本章从养殖负责人基本特征、家庭基本特征、外部环境特征、养殖经营特征以及个人认知特征 5 个方面选择解释变量。

个人基本特征。①性别。男性比女性在养殖废弃物治理中更精通应用管理与技术方法，能够有效降低投入、增加产出，从而获得较高的养殖废弃物治理经济绩效（张诩等，2019），因此性别会影响肉牛养殖废弃物资源化利用模式选择。②年龄。养殖负责人年龄越大思想观念越保守，对新事物的接受能力越差（刘鹏凌等，2015），越倾向于选择传统的自用或赠送模式，商品化渠道的选择概率越小。③是否为村干部。村干部一方面作为政府的代理人，对肉牛养殖废弃物资源化利用相关政策的认知程度高，社会网络关系广，养殖废弃物资源化产品选择商品化渠道的概率高，同时村干部又是村民的当家人，基于熟人社会关系的考量选择将养殖废弃物资源化产品赠送给周边种植户的概率也高。④文化程度。养殖负责人受教育程度越高，环境友好型技术和市场信息认知能力越强（孔凡斌等，2019），学习或掌握肉牛养殖废弃物资源化利用技能的能力也越强，影响其养殖废弃物资源化利用模式选择。⑤身体健康程度。不同肉牛养殖废弃物资源化利用模式的要素投入结构各异，身体健康的养殖负责人更有精力参与劳动密集型养殖废弃物资源化利用模式，如自用模式和销售模式。

家庭基本特征。①劳动力占比。家庭劳动力占比越高，参与农业生产的时间越充裕，越有利于选择自用或销售等劳动密集型养殖废弃物资源化利用模式。②是否从事种植。种植为肉牛养殖废弃物还田利用创造了条件，可以在养殖场内部实现还田利用，否则需要外部其他渠道利用养殖废弃物资源化产品，因此是否种植会影响肉牛养殖废弃物资源化利用模式选择。③是否转入土地。养殖场（户）转入土地主要用于农业种植（少数用作肉牛养殖相关设施用地），创造肉牛养殖废弃物内部还田利用的条件，因此是否转入土地也会影响肉牛养殖废弃物资源化利用模式选择。

外部环境特征。从理性经济人假设角度来看，成本收益是决定肉牛养殖场（户）采用何种养殖废弃物资源化利用模式的本质因素，其中成本主要包括设备投入或折旧、运输成本、人工成本、能源成本，收益包括资源化产品销售收入、政府补贴、荣誉等非物质收益等。故一些影响养殖废弃物资源化利用成本收益的因素会对养殖场（户）行为选择产生影响，如当地地形、交通可达性、市场需求等，直接决定着养殖废弃物资源化利用的成本或收益，进而影响养殖场（户）行为选择。因此，选择本地地形、养殖场位置、周边种植户使用牛粪积极性作为解释变量，衡量外部环境对肉牛养殖废弃物资源化利用模式选择的影响。

养殖经营特征。①是否加入合作社，养殖场（户）加入合作社能够充分利用合作组织的平台或资源优势，拓宽产品销售渠道，提高养殖废弃物资源化产品的销售比例，当然养殖场（户）加入合作社还必须在合作组织的规章约束下进行养殖废弃物资源化利用。②是否辐射带动周边养殖场（户），带动周边养殖场（户）意味着自身养殖规模较大或规范以及当地肉牛养殖业趋向集聚，易于通过规模效应促进养殖废弃物资源化产品的商品化，影响肉牛养殖场（户）养殖废弃物资源化利用模式选择。③养殖经验。已有研究表明，养殖场（户）从事肉牛养殖的年限越长，获取畜禽养殖废弃物处理的信息资源越丰富，选择环境友好型畜禽养殖废弃物处理方式的概率越高（孔凡斌等，2016），因此选择养殖经验作为解释变量。④养殖规模。随着畜禽养殖规模扩大，养殖场（户）获得足够土地进行养殖废弃物内部还田利用的难度加大，但是养殖收入的增加为其采取更加多元化的养殖废弃物资源化利用模式提供了物质基础。以生猪养殖为例，已有研究发现随着生猪养殖规模扩张，生猪粪便还田比例和废弃比例下降，养殖主体把更大比例的生猪粪便用于其他循环利用方式（仇焕广等，2012a），因此选择养殖规模作为解释变量。⑤是否有废弃物处理设施。养殖废弃物处理设施能够不同程度地改变养殖废弃物的形态，便于养殖废弃物资源化产品的储存、运输、销售等，直接影响养殖废弃物资源化产品的去向：自用、赠送抑或销售。⑥是否参加过相关培训。培训的初衷在于提高肉牛养殖场（户）的环保觉悟、政策认知、技能经验等，引导养殖场（户）选择适宜的养殖废弃物资源化利用模式，降低肉牛养殖场（户）养殖废弃物资源化利用的技术约束。

个人认知特征。认知决定农户偏好，又进一步指导其行为与决策（Denzau，1993）。若肉牛养殖场（户）认为养殖废弃物资源化利用能够增加养殖收入，在经济利益驱使下其越倾向于选择废弃物资源化产品销售模式创收；若肉牛养殖场（户）认为养殖废弃物资源化利用能够改善邻里关系，则其越倾向于将废弃物资源化产品赠送给周边种植户，以换得邻里之间的融洽关系；环境资源的公共物品属性和畜禽养殖污染及其控制的显著外部性特征，使得政府成为控制畜禽养殖污染最基本也是最重要的主体（宾幕容和周发明，2017），通过命令强制型和经济激励型政策工具对畜禽养殖废弃物处理行为进行干预，已有研究表明，监管力度会对畜禽养殖场（户）养殖废弃物处理行为产生影响（陈菲菲等，2017）。综上选择肉牛养殖场（户）收入认知、关系认知和监管认知作为解释变量，衡量养殖主体认知对养殖废弃物资源化利用模式选择的影响。

各变量具体情况详见表 5-1。

表 5-1 变量定义与描述性统计

变量名称	变量定义	均值	标准差
因变量			
赠送比例	牛粪赠送量占总牛粪产生量的比例(%)	0.32	0.31
销售比例	牛粪销售量占总牛粪产生量的比例(%)	0.14	0.27
自用比例	牛粪自用量占总牛粪产生量的比例(%)	0.55	0.36
个人基本特征			
性别	男性=1,女性=0	0.94	0.23
年龄	负责人 2018 年年龄(岁)	47.25	10.23
是否为村干部	是=1,否=0	0.09	0.29
文化程度	全日制受教育年限(年)	8.12	3.28
身体健康状况	较差=1,差=2,一般=3,良=4,优=5	4.23	0.90
家庭基本特征			
剩余劳动力占比	家庭剩余劳动力数占家庭总人数的比例(%)	0.45	0.22
是否从事农业种植	是=1,否=0	0.91	0.29
是否转入土地	是=1,否=0	0.53	0.50
外部环境特征			
本地地形	平原=1,丘陵=2,山区=3	1.58	0.68
养殖场位置	养殖场(户)距乡镇中心距离(千米)	5.52	3.63

续表 5-1

变量名称	变量定义	均值	标准差
周边种植户使用牛粪积极性	非常低＝1，比较低＝2，一般＝3，比较高＝4，非常高＝5	3.93	1.10
养殖经营特征			
是否加入养殖专业合作社	加入＝1，未加入＝0	0.35	0.48
辐射带动作用	带动周边养殖场(户)＝1，未带动＝0	0.53	0.50
养殖经验	从事肉牛养殖年限(年)	7.01	5.92
养殖规模	2017年底肉牛存栏数(头)	97.84	189.19
是否有牛粪处理设施	有＝1，没有＝0	0.72	0.45
是否参加过相关培训	参加过＝1，未参加过＝0	0.58	0.49
个人认知特征			
收入认知：牛粪资源化利用能够增加养殖收入	非常不认同＝1，比较不认同＝2，一般＝3，比较认同＝4，非常认同＝5	3.84	1.08
关系认知：牛粪资源化利用能够改善邻里关系	非常不认同＝1，比较不认同＝2，一般＝3，比较认同＝4，非常认同＝5	3.81	1.08
监管认知：当地政府对养殖环境问题监管严格	非常不认同＝1，比较不认同＝2，一般＝3，比较认同＝4，非常认同＝5	4.30	0.77

注：本研究界定的肉牛养殖废弃物为牛粪，故表中直接使用牛粪代指肉牛养殖废弃物，下同。

4. 样本描述

从样本的基本特征（表 5-2）来看，养殖场（户）负责人以男性为主，男性比例高达 94.20%，仅有 16 个养殖场（户）负责人为女性；少数养殖场（户）负责人为村干部，约占总样本的 10%，这一比例高于一般种植户样本群体，村干部作为农村中的精英群体，在肉牛养殖所需的资金、技术、社会网络等资源方面更具优势；鉴于肉牛养殖的高强度劳动需求，养殖场（户）负责人平均年龄为 47.25 岁，主要集中在 31～55 岁，其中 31～45 岁的占 38.04%、46～55 岁的占 35.87%，66 岁及以上有 14 户，占 5.07%，劳动力老龄化程度弱于一般种植户群体；养殖负责人身体健康状况也印证了肉牛养殖的高强度劳动需求性质，身体健康状况优和良的比例分别为 49.28% 和 28.99%，合计比例高达 78.27%，身体健康较差的仅有 2 人，其养殖规模也较小；家庭剩余劳动力占家庭总人口的比例平均为 44.83%，主要集中在

26%～50%，占比高达56.52%；养殖负责人平均受教育年限为8.12年，以小学和初中文化程度为主，二者占比分别为32.25%和41.67%，受教育水平总体偏低，但是有5.07%的养殖场（户）负责人受教育年限在13年及以上，具备高中以上文化水平。

表 5-2 养殖场（户）负责人个体及家庭基本特征

指标	选项	样本数/个	占比/%	指标	选项	样本数/个	占比/%
性别	女	16	5.80	村干部	是	26	9.42
	男	260	94.20		不是	250	90.58
年龄	30岁及以下	17	6.16	健康状况	较差	2	0.72
	31～45岁	105	38.04		差	9	3.26
	46～55岁	99	35.87		一般	49	17.75
	56～65岁	41	14.86		良	80	28.99
	66岁及以上	14	5.07		优	136	49.28
家庭剩余劳动力占比	25%及以下	53	19.20	受教育年限	0～6年	89	32.25
	26%～50%	156	56.52		7～9年	115	41.67
	51%～75%	45	16.31		10～12年	58	21.01
	75%及以上	22	7.97		13年及以上	14	5.07

从养殖特征来看，如表5-3所示，养殖场（户）种养结合比例高达90.94%，能在一定程度上保障肉牛养殖废弃物及时处理或资源化利用，但是养殖废弃物在养殖场内部利用程度还主要取决于种植规模与养殖规模的相对大小；养殖场（户）从事肉牛养殖年限平均约7.01年，主要集中在0～5年，约占总样本的59.42%，养殖年限在6～9年、10年及以上的养殖场（户）分别有68个和44个，分别占总样本的24.64%和15.94%；养殖场（户）平均肉牛养殖规模为97.8头，主要集中在10～49头，约占总样本的47.83%，养殖规模在100头及以上的养殖场（户）有77个，占总样本的27.90%，养殖规模不足10头的仅占1.81%。总体而言，公司化、规模化肉牛养殖比重不高。

表 5-3　养殖基本特征以及养殖废弃物资源化利用情况

指标	选项	样本数/个	占比/%	指标	选项	样本数/个	占比/%
种养结合	是	251	90.94	养殖年限	0～5 年	164	59.42
	否	25	9.06		6～10 年	68	24.64
资源化利用方式	赠送	206	74.64		10 年及以上	44	15.94
	销售	80	28.99	养殖规模	9 头及以下	5	1.81
	自用	248	89.86		10～49 头	132	47.83
牛粪赠送比重	25%及以下	147	53.26		50～99 头	62	22.46
	26%～50%	64	23.19		100 头及以上	77	27.90
	51%～75%	28	10.14	有无处理设施	有	198	71.74
	75%及以上	37	13.41		没有	78	28.26
牛粪自用比重	25%及以下	81	29.35	牛粪销售比重	25%及以下	224	81.16
	26%～50%	62	22.46		26%～50%	21	7.61
	51%～75%	25	9.06		51%～75%	16	5.80
	75%及以上	108	39.13		75%及以上	15	5.43

注：种养结合即肉牛养殖场（户）是否同时从事农业种植，如果从事则属于种养结合，反之则不是；养殖规模指 2017 年底肉牛存栏头数；由于肉牛养殖场（户）可能同时采取多种养殖废弃物资源化利用模式，所以表中牛粪赠送、销售以及自用样本占总样本的比重之和大于 1。

肉牛养殖废弃物资源化利用方面，如表 5-3 所示，71.74%的养殖场（户）建有或购置养殖废弃物处理设施设备，如固定堆粪场、防渗污水池、三级处理设施、有机肥加工设备、沼气池等，仍有 28.26%的养殖场（户）没有相关的养殖废弃物处理设施设备。在 3 种肉牛养殖废弃物资源化利用模式中，选择赠送模式和自用模式的养殖场（户）分别占总样本的 76.64%和 89.86%，选择销售模式的比重偏低，仅为 28.99%。具体来说：①赠送模式。肉牛养殖废弃物赠送比重主要集中在 25%及以下比例，该样本群体占比超过样本总量的 50%，其余依次为赠送比重在 26%～50%、51%～75%和 75%以上的养殖场（户），分别占总体样本的 23.19%、10.14%和 13.41%，总体来看，肉牛养殖废弃物赠送比例越高，相应的样本群体越小。②销售模式。肉牛养殖废弃物销售占比也主要集中在 25%及以下比例，但该样本群体样本量占总样本的比例高达 81.16%，其余依次为销售占比在 26%～50%、51%～75%和

75%以上的养殖场（户），分别占总体样本的7.61%、5.80%和5.43%，均不足总体的10%。总体来看，肉牛养殖废弃物销售比例越高，相应的样本群体也越小。③自用模式。肉牛养殖废弃物自用占比主要集中在75%及以上比例，该样本群体占总体的39.13%，其次为自用占比25%及以下比例和26%～50%比例的养殖场（户），分别占总体的29.35%和22.46%，自用占比在51%～75%的养殖场（户）有25个，占总体的比例不足10%，仅为9.06%。总体来看，肉牛养殖废弃物自用比例的样本分布呈现出“两端高、中间低”的特征。

第二节　实证检验与结果分析

首先运用Stata15.0软件对3个方程单独进行回归估计，作为基准回归，用于对比参照。由于因变量肉牛养殖废弃物赠送比例（Y_1）、销售比例（Y_2）以及自用比例（Y_3）取值范围均为在［0，1］之间，属于典型的双边归并，因此分别对3个方程采用双边归并Tobit模型进行回归估计，所得结果如表5-4所示。

表5-4　养殖废弃物资源化利用模式选择的基准估计结果

自变量	牛粪赠送	牛粪销售	牛粪自用
	回归(1)	回归(2)	回归(3)
个人基本特征			
性别	−0.203**(0.098)	−0.284(0.183)	0.244***(0.093)
年龄	0.002(0.002)	−0.003(0.005)	−0.0001(0.002)
是否为村干部	0.051(0.082)	−0.562***(0.201)	0.113(0.076)
文化程度	−0.002(0.008)	0.043***(0.017)	−0.009(0.008)
身体健康状况	−0.058**(0.029)	−0.092(0.061)	0.098***(0.027)
家庭基本特征			
剩余劳动力占比	−0.098(0.114)	0.059(0.218)	0.083(0.108)
是否从事农业种植	−0.347***(0.089)	−0.471***(0.148)	1.198***(0.173)
是否转入土地	−0.123**(0.052)	0.085(0.107)	0.108**(0.049)

续表 5-4

自变量	牛粪赠送	牛粪销售	牛粪自用
	回归(1)	回归(2)	回归(3)
外部环境特征			
本地地形(参照组:山区)			
平原地区	0.129(0.090)	0.270(0.184)	−0.281*** (0.086)
丘陵地区	0.118(0.085)	−0.105(0.172)	−0.167** (0.080)
养殖场位置	−0.012* (0.007)	0.003(0.015)	0.005(0.007)
周边种植户使用牛粪积极性	0.081*** (0.023)	0.141** (0.050)	−0.131*** (0.022)
养殖经营特征			
是否加入养殖专业合作社	−0.014(0.053)	0.060(0.104)	−0.025(0.051)
辐射带动作用	−0.037(0.053)	0.289** (0.116)	−0.050(0.050)
养殖经验	−0.002(0.004)	−0.001(0.008)	0.005(0.004)
养殖规模	−0.000 3* (0.000 2)	0.000 7** (0.000 3)	−0.000 1(0.000 2)
是否有牛粪处理设施	0.110* (0.059)	0.097(0.128)	−0.125** (0.057)
是否参加过相关培训	−0.006(0.053)	−0.047(0.109)	−0.023(0.051)
个人认知特征			
收入认知:牛粪资源化利用能够增加养殖收入	−0.011(0.024)	−0.021(0.050)	0.013(0.023)
关系认知:牛粪资源化利用能够改善邻里关系	0.039(0.024)	0.018(0.048)	−0.055** (0.022)
监管认知:当地政府对养殖环境问题监管严格	0.005(0.033)	0.065(0.073)	−0.022(0.032)
常数项	0.490* (0.276)	−0.792(0.617)	−0.127(0.301)
地区控制变量	已控制	已控制	已控制
Pseudo R^2 或 R^2	0.189	0.293	0.475
LR chi2(24) 或 chi2	68.39	109.15	207.39
Prob>chi2	0.000	0.000	0.000

注：括号内数值为标准误；***、**和*分别表示解释变量在1%、5%以及10%的水平下显著。

表 5-5 中回归（4）、回归（5）和回归（6）是采用 SUR 模型估计所得结果，具体估计时，由于 3 个方程的自变量完全相同且对于每一个样本个体，3 个方程因变量之和等于 1（即 $Y_1+Y_2+Y_3=1$），对 3 个方程同时进行 SUR 模型估计时存在扰动项的协方差为奇异矩阵的情形，因此本研究去掉因变量为

Y_1 的方程，仅对余下两个方程（因变量分别为 Y_2 和 Y_3）进行 SUR 模型估计，并根据回归结果和方程间的约束关系求解得到因变量为 Y_1 的方程中各自变量的估计参数，具体求解过程详见附录 2。对比双边归并 Tobit 模型和有约束的 SUR 模型回归结果，自变量显著性及方向几乎完全一致。由表 5-6 可知，SUR 模型回归结果中，各方程扰动项之间“无同期相关”的检验 p 值为 0.000，在 1%的显著性水平下拒绝各方程扰动项之间互相独立的原假设。因此，使用 SUR 模型可以提高估计效率，在表 5-5 具体变量估计结果中也能得到较好的印证。具体结果分析以 SUR 模型为准。

表 5-5 养殖废弃物资源化利用模式选择的 SUR 模型估计结果

自变量	牛粪赠送	牛粪销售	牛粪自用
	回归(4)	回归(5)	回归(6)
个人基本特征			
性别	−0.139** (0.066)	−0.054(0.060)	0.193*** (0.072)
年龄	0.002(0.002)	−0.001(0.001)	−0.001(0.002)
是否为村干部	0.027(0.054)	−0.124** (0.049)	0.097(0.059)
文化程度	−0.002(0.005)	0.010** (0.005)	−0.008(0.008)
身体健康状况	−0.043** (0.019)	−0.027(0.017)	0.069*** (0.020)
家庭基本特征			
剩余劳动力占比	−0.094(0.074)	0.041(0.067)	0.053(0.080)
是否从事农业种植	−0.278*** (0.058)	−0.222*** (0.052)	0.500*** (0.063)
是否转入土地	−0.102*** (0.034)	0.005(0.031)	0.097*** (0.037)
外部环境特征			
本地地形(参照组:山区)			
平原地区	0.094(0.058)	0.096* (0.053)	−0.190*** (0.063)
丘陵地区	0.099* (0.055)	−0.012(0.050)	−0.087(0.060)
养殖场位置	−0.008* (0.005)	0.003(0.004)	0.005(0.005)
周边种植户使用牛粪积极性	0.066*** (0.015)	0.031** (0.013)	−0.096*** (0.016)
养殖经营特征			
是否加入养殖专业合作社	0.009(0.035)	0.023(0.032)	−0.032(0.038)
辐射带动作用	−0.019(0.035)	0.071** (0.031)	−0.055(0.038)
养殖经验	−0.002(0.003)	−0.001(0.002)	0.004(0.003)
养殖规模	−0.000 2** (0.000 1)	0.000 3*** (0.000 1)	−0.000 1(0.000 1)

续表 5-5

自变量	牛粪赠送	牛粪销售	牛粪自用
	回归(4)	回归(5)	回归(6)
是否有牛粪处理设施	0.071* (0.039)	0.026(0.035)	−0.097** (0.042)
是否参加过相关培训	−0.003(0.035)	0.007(0.032)	−0.004(0.038)
个人认知特征			
收入认知：牛粪资源化利用能够增加养殖收入	−0.015(0.016)	−0.002(0.014)	0.017(0.017)
关系认知：牛粪资源化利用能够改善邻里关系	0.025* (0.015)	0.012(0.014)	−0.037** (0.017)
监管认知：当地政府对养殖环境问题监管严格	0.003(0.021)	0.011(0.019)	−0.014(0.023)
常数项	−0.490*** (0.179)	0.107(0.162)	0.383** (0.195)
地区控制变量	已控制	已控制	已控制
Pseudo R^2 或 R^2	—①	0.312	0.454
LR chi2(24) 或 chi2	—	125.19	229.19
Prob>chi2	—	0.000	0.000

注：括号内数值为标准误；***、**和*分别表示解释变量在1%、5%以及10%的水平下显著。

表 5-6 SUR 模型中扰动项间“无同期相关”检验结果

分类	chi2 (1)	Prob>Chi2
Breush-Pagan 拉格朗日乘子检验	38.923	0.000

1. 个人基本特征对肉牛养殖废弃物资源化利用模式选择的影响

性别对肉牛养殖场（户）牛粪（即本研究概念界定中的肉牛养殖废弃物，下同）赠送行为选择具有显著负向影响，而对牛粪自用行为选择具有显著正向影响，表明相对于女性养殖场（户）负责人，男性养殖场（户）负责人更倾向于牛粪自家使用，减少牛粪赠送。这是由于：一方面，男性在身体素质方面优于女性，牛粪自用的劳动力约束强度相对小；另一方面，牛粪使用代

① 由于回归(4)中结果是根据回归(5)和回归(6)中结果以及方程间约束条件计算而得，根据本研究需要暂不列出自变量系数及标准误以外其余参数。

表着一种新型生产要素的投入或替代（相当于有机肥替代化肥），使用与否取决于决策者的风险态度，而女性的风险厌恶水平高于男性（Byrnes 等，1999）。但是性别对牛粪销售行为选择的影响没有通过显著性检验。年龄对养殖场（户）3 种牛粪资源化利用模式选择的影响均未通过显著性检验。养殖场（户）负责人是否为村干部对牛粪赠送和自用行为选择没有显著性影响，但对牛粪销售行为选择的影响在 5%的统计水平上显著，养殖场（户）是村干部会显著降低其牛粪销售比例。调研发现，养殖场（户）是村干部的更易于或倾向于转入一定量的土地进行种养结合，因此牛粪自用比例会显著增加，相应的销售比例会减少。文化程度对养殖场（户）牛粪赠送和自用行为选择没有显著影响，但是对牛粪销售行为选择具有显著正向影响。养殖场（户）负责人文化程度越高，其对牛粪经济价值的认知越高、获取市场信息或销售渠道的途径越广，牛粪销售比例会显著提高。养殖场（户）负责人身体健康程度对牛粪赠送和自用行为选择分别具有显著负向影响和正向影响，而对牛粪销售行为选择的影响没有通过显著性检验，养殖场（户）负责人身体健康状况越好，其牛粪自用比例越高，相应的赠送比例越少。牛粪等畜禽养殖废弃物使用具有劳动密集型特质，对劳动力质与量的依赖性较强，身体健康状况差的养殖场（户）负责人不能及时有效处理牛粪，需要通过赠送等渠道缓解养殖场牛粪积压，相反身体健康状况良好的养殖场（户）负责人自我消纳牛粪的能力较强，借助外在渠道的需求相对较弱。

2. 家庭基本特征对肉牛养殖废弃物资源化利用模式选择的影响

养殖场（户）家庭剩余劳动力占比对 3 种肉牛养殖废弃物资源化利用模式选择的影响均没有通过显著性检验。是否从事农业种植是影响养殖场（户）养殖废弃物资源化利用模式选择的重要因素，该变量对 3 种肉牛养殖废弃物资源化利用模式选择的影响均在 1%的统计水平上显著，其中对牛粪赠送和销售模式选择具有显著负向影响，对牛粪自用模式选择具有显著正向影响。这表明种养结合是当前肉牛养殖废弃物资源化利用的重要模式，养殖场（户）同时从事农业种植具备了自我消纳牛粪的土地载体，因此牛粪自用比例会显著提高，相应的牛粪赠送和销售比例会显著下降。转入土地对牛粪赠送和自用行为选择的影响均在 1%的统计水平上显著，其中对牛粪赠送行为选择具有显著负向影响，对牛粪自用行为选择具有显著正向影响。鉴于牛粪单位时间产生量较大，种养结合需要足够的土地相匹配，仅依靠自有土地无法有效实现，部分养殖场（户）通过土地转入实现牛粪自我消纳，因此转入土地能够显著提高牛粪自用比例，降低牛粪赠送比例。

3. 外部环境特征对肉牛养殖废弃物资源化利用模式选择的影响

相对于山区，平原地形对牛粪销售和自用行为选择分别具有显著正向影响和负向影响，而对牛粪赠送行为选择没有显著影响，因为平原地区肉牛养殖废弃物资源化利用的交通便利性更强，牛粪销售面临更有利的外部交通条件，越容易达成交易。同样相较于山区，丘陵地形对牛粪销售和自用行为选择的影响没有通过显著性检验，而对牛粪赠送行为选择在10%的统计水平上显著，表现出显著的正向影响，也即当地地形越便利，周边农户使用牛粪的积极性越高，牛粪赠送比例越高。类似于丘陵地区变量，养殖场（户）位置对牛粪销售和自用行为选择的影响也没有通过显著性检验，而对牛粪赠送行为选择在10%的统计水平上显著，且估计系数为负值，也即养殖场（户）距乡镇政府的距离越远，牛粪赠送的比例越低。周边种植户使用牛粪的积极性是影响牛粪资源化利用的重要因素，其对3种肉牛养殖废弃物资源化利用模式选择均具有显著影响，周边种植户使用牛粪的积极性越强，表明牛粪的市场需求越大，牛粪交易市场的特征属性偏向于卖方市场，因此牛粪赠送比例和销售比例会显著提高，而自用比例会显著下降。

4. 养殖经营特征对肉牛养殖废弃物资源化利用模式选择的影响

加入农民专业合作社对3种肉牛养殖废弃物资源化利用模式选择的影响均未通过显著性检验。调研发现，养殖场（户）加入合作社的核心动机在于抱团凑够享受补贴政策的标准，合作社多属于“空壳”合作社，并没有发挥实质性作用，因此加入合作社并不影响养殖场（户）养殖废弃物资源化利用模式选择。辐射带动作用对牛粪赠送和自用行为选择没有显著影响，但对牛粪销售行为选择具有显著正向影响。一方面能够发挥辐射带动作用的养殖场（户）一般养殖规模大、经营能力强，自用和赠送很难满足其牛粪资源化利用需求，其对牛粪经济价值的重视程度更高，因此销售的比例会提高；另一方面，养殖场（户）发挥辐射带动作用后，更易形成肉牛养殖集聚，相对于单个养殖主体而言，集聚后的养殖规模或实力增强，因此选择销售渠道的概率提高。养殖经验对3种肉牛养殖废弃物资源化利用模式选择的影响均未通过显著性检验。调研发现，虽然调研对象从事肉牛养殖的时间普遍较长，但养殖规模主要集中在10～49头，属于小规模养殖，普遍依靠多年来积累的经验进行肉牛养殖管理，养殖思维固化，缺乏获取现代科学养殖知识的动力。养殖规模对牛粪赠送和销售行为选择具有显著影响，养殖规模越大，养殖场（户）赠送牛粪的比例越低、销售牛粪的比例越高，这与Huang等（2016）的研究结论相一致。因为一方面在牛粪赠送和自用数量有限的情况下，肉牛养殖规模越大，牛粪产生量或累积量越大，可以赠送和自用的比例会显著下降，养殖场（户）会通过销售等渠道利用牛粪；另一方面，肉牛养殖规模大的养殖场（户）愈加重视牛粪的经济价值，会积极拓宽牛粪销售渠道，充分利用牛粪资源。有牛粪处理设施对牛粪赠送和自用行为选择分别具有显著正向影响和负向影响，而对牛粪销售行为选择没有表现出显著的影响。调研发现，虽然拥有牛粪处理设施的肉牛养殖场（户）高达71.74%，但处理设施较为简单、低端，以硬化堆粪场、沉淀池为主，而三级处理设施、沼气池或有机肥加工设备较少，因此养殖场（户）多数仅对牛粪进行简单堆肥或晾晒，便于牛粪运输及使用，能够提高周边农户使用牛粪的便利性和积极性，因此拥有牛粪处理设施会显著提高牛粪的赠送比例，降低牛粪的自用比例。参加牛粪资源化利用等相关培训对三种肉牛养殖废弃物资源化利用模式选择的影响均未通过显著性检验，因为调研中肉牛养殖场（户）参加的培训多以政策监管类为主，技术指导性培训较少，对养殖场（户）养殖废弃物资源化利用模式选择的影响甚微。

5. 个人认知特征对肉牛养殖废弃物资源化利用模式选择的影响

收入认知和监管认知对3种肉牛养殖废弃物资源化利用模式选择的影响均未通过显著性检验。调研发现，养殖场（户）对牛粪资源的价值认知不足，更倾向于将牛粪视为一种负担，存在处理或资源化利用困难，如成本高、技术缺乏、设备使用寿命短、缺乏用地指标等。认知不足也有其客观原因，因为肉牛属于草食性动物，牛粪的理化性质异于猪粪、鸡粪，其营养价值相对偏低，且牛粪单位时间产生量较大，因此处理的难度也较大。监管认知方面，肉牛养殖场（户）普遍认识到政府对养殖环境监管的重视程度以及严格程度，但是囿于资金、土地等约束，多数仅遵循最低的政府监管标准，对牛粪的资源化利用模式并没有因为监管严格程度的提升而发生本质性改变。因此收入认知和监管认知没有对养殖场（户）牛粪资源化利用模式选择产生显著影响。关系认知对牛粪销售行为选择的影响没有通过显著性检验，对牛粪赠送和自用行为选择的影响分别在10%和5%的统计水平上显著，对牛粪赠送行为选择表现出正向影响、对牛粪自用行为选择表现出负向影响，养殖场（户）认为牛粪资源化利用能够改善邻里关系的程度越高，其牛粪赠送比例就会提高，相应的自用比例就会降低，可能的原因在于，一是养殖场（户）会选择其他渠道消纳牛粪以规避牛粪堆积对周边居民产生的负面影响；二是养殖场（户）会通过赠送牛粪给周边居民以增进邻里间日常沟通交流，改善邻里关系。

第三节　本章小结

本章基于养殖废弃物资源化产品去向视角，探究了肉牛养殖场（户）养殖废弃物资源化利用模式选择的现实格局，并运用有约束的SUR模型分析了不同养殖废弃物资源化利用模式选择的驱动因素，得到如下研究结论：

（1）当前肉牛养殖废弃物资源化利用以自用和赠送为主，销售比例较低，资源化利用的商品化率有待进一步提高。

（2）肉牛养殖场（户）负责人性别、是否为村干部、文化程度、身体健康状况、是否从事农业种植、是否转入土地、当地地形、养殖场（户）位置、周边种植户使用牛粪的积极性、养殖是否具有辐射带动作用、养殖规模、是否有牛粪处理设施以及对牛粪资源化利用的关系认知等对养殖废弃物资源化利用模式选择具有显著影响，但该影响在养殖废弃物赠送、销售及自用3种模式之间存在差异。

（3）种植规模（具体表现为从事农业种植且转入土地）和养殖规模是影响肉牛养殖场（户）养殖废弃物资源化利用模式选择的核心因素，二者决定着种养结合的实现方式，养殖废弃物自用的内部种养结合抑或赠送与销售的外部种养结合。

（4）周边种植户使用牛粪的积极性是影响3种肉牛养殖废弃物资源化利用模式选择的本质因素，养殖废弃物资源化利用的外在需求拉动性较强。

第六章

肉牛养殖废弃物资源化利用投资决策①

① 本章内容以《Does policy cognition affect livestock farmers' investment in manure recycling facilities?Evidence from China》为题发表于《Science of the Total Environment》2021年第795卷。作者为Yubin Wang, Jingjing Wang, Xiaoyang Wang, Qian Li(通讯作者),，略有修改。

养殖废弃物资源化利用的关键在于相关设施设备的投资建设，必须积极鼓励并大力支持肉牛养殖场（户）投资建设养殖废弃物资源化利用设施设备，加强末端治理，提高养殖废弃物资源化利用效率。力争到2020年，全国畜禽粪污资源化利用率达到75%以上，规模养殖场粪污处理设施装备配套率达到95%以上，大型规模养殖场粪污处理设施装备配套率提前一年达到100%（国办发〔2017〕48号）。那么，如何促进肉牛养殖场（户）养殖废弃物资源化利用投资呢？在第四章肉牛养殖废弃物资源化利用意愿分析研究中发现，肉牛养殖场（户）行为态度、主观规范和认知行为控制对其养殖废弃物资源化利用意愿均具有显著正向影响，这些影响养殖场（户）行为意愿的因素都体现了个体认知，即认知是影响养殖场（户）行为决策的本质因素。而且调研中发现，许多肉牛养殖场（户）是在环保高压下被迫或主动投资建设养殖废弃物资源化利用设施设备，环保政策认知引导其投资行为决策。因此，本章基于政策认知视角探究肉牛养殖场（户）养殖废弃物资源化利用投资决策。

第一节　理论框架与研究假说

认知是个体对所获信心的筛选、组织、加工及理解的过程（张化楠等，2019），决定农户偏好，进一步又指导其行为与决策（Denzau，1993）。计划行为理论中行为态度与主观规范在一定程度上属于个体认知范畴，同时二者又是影响个体行为决策的两个重要因素，因此政策认知会对行为合作、土地流转以及生产投资等个体行为产生影响。

1. 政策认知、行为合作与肉牛养殖废弃物资源化利用投资

农民专业合作社（简称合作社）是当前我国重点培育的两类新型经营主体之一，许多涉农项目资金直接针对合作社或者以合作社为载体而落实。调研中，部分肉牛养殖场（户）加入合作社的初始动机在于获取肉牛扩群增量补贴等政策支持，其前提是了解肉牛养殖相关支持政策。此外，肉牛养殖的专业性要求不断提高，尤其是在畜禽养殖向规模化、专业化、标准化方向转型的发展趋势下，小规模养殖场（户）需要借助合作社获取相关技术指导、

决策咨询等服务，以满足其高质量发展需求。因此肉牛养殖场（户）政策认知程度越高，其加入合作社、参与行为合作的动机越强。

根据国内合作社发展实践和以往相关研究成果，合作社影响社员生产行为的作用机制具有多元性（蔡荣等，2019），但主要围绕其服务社员的成立宗旨而展开。对畜禽养殖场（户）来说，养殖废弃物资源化利用设施设备投资是一项重要生产决策，其重要性一方面在于资金投入大、投资活动持续性强，另一方面是，在养殖废弃物资源化利用市场化运行机制尚未发育完备的情形下，囿于环保压力，该投资又具有较强的强制性，部分地区要求养殖主体必须配套建设与养殖规模相匹配的堆粪场或污水池等环保设施。合作社作为服务社员的重要组织，在社员生产经营决策中发挥着重要作用，可以直接参与社员的生产经营活动或提供决策咨询服务。本研究中，养殖专业合作社可以提供多样化的养殖废弃物资源化利用投资决策方案，也可以直接为社员统一采购养殖废弃物资源化利用设施设备或相关投资经营服务，发挥合作社统一决策的规模经济优势。此外，养殖场（户）加入合作社等产业组织也必须遵循产业组织对环境污染的相关规定（孔凡斌等，2016），依规进行养殖废弃物资源化利用。因此提出假说 H6-1。

假说H6-1

政策认知通过激励肉牛养殖场（户）加入合作社对其养殖废弃物资源化利用投资产生正向影响。

2. 政策认知、土地流转与肉牛养殖废弃物资源化利用投资

资源化利用是现在以及未来畜禽养殖废弃物处理的必然趋势，而种养结合是畜禽养殖废弃物资源化利用的主推方式，也是畜禽养殖废弃物消纳和环境污染治理的最有效方式（王明利，2018），其操作简便、执行成本低等优势符合养殖场（户）基于成本收益的理性决策逻辑。因此肉牛养殖场（户）对畜禽养殖相关政策的认知程度越高，在较大程度上表明其对种养结合的认知或接受程度越高，而且部分地区针对青贮玉米、苜蓿等种植予以财政补贴，鼓励养殖场（户）种植青贮玉米和优质饲草，发展农牧结合的循环养殖模式。

在自有承包土地无法满足养殖废弃物消纳的情况下，土地流转需求自然产生。因此肉牛养殖场（户）政策认知程度越高，其土地转入行为的可能性越大。

从土地流转角度来看，肉牛养殖场（户）转入土地有两种主要用途，一是在不改变土地性质的条件下，少量土地作为养殖废弃物资源化利用设施设备投资的承载场所或养殖规模扩张的后备用地，二是种植粮食或经济作物等，实现养殖场内部种养结合。第一种用途情形下，转入土地直接用于养殖废弃物资源化利用投资，如建设堆粪场、污水池等养殖废弃物资源化利用设施设备，但用地规模有限且在一定程度上受耕地用途管制的约束；第二种用途情形下，从养殖废弃物资源化利用投资对象的属性来看，养殖废弃物资源化利用设施设备具有资产专用性，为避免专用性资产投资的事后机会主义行为，可以通过用途性质互补的另外一种投资活动与之匹配，降低专用性资产投资风险。种养结合是养殖废弃物资源化利用设施设备投资与土地转入相衔接的有效切入点，土地转入相当于农业生产投资，两种投资活动相结合能够有效降低养殖废弃物资源化产品处置的交易费用以及不确定性，处理后的养殖废弃物可以通过种养结合实现养殖场（户）内部消化。因此提出假说 H6-2。

假说H6-2

政策认知通过激励肉牛养殖场（户）转入土地对其养殖废弃物资源化利用投资产生正向影响。

基于以上理论分析，构建以行为合作与土地流转为中介变量的政策认知影响肉牛养殖废弃物资源化利用投资的理论分析框架（图 6-1）。

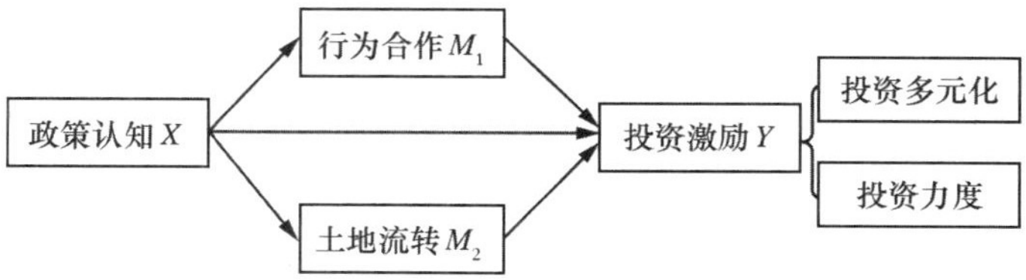

图 6-1 政策认知影响投资激励的理论分析框架

第二节 模型构建与数据来源

1. 模型构建

依据上述理论分析，肉牛养殖主体的政策认知可能通过行为合作与土地流转对养殖废弃物资源化利用投资产生影响，因此，根据 Baron 和 Kenny（1986）的方法，构建多重中介效应模型来验证前文提出的假说。

$$Y_i = \alpha_0 + \alpha_1 ZCRZ_i + \sum \alpha_k X_{ki} + \varepsilon_1 \tag{6-1}$$

$$M_i = \beta_0 + \beta_1 ZCRZ_i + \sum \beta_k X_{ki} + \varepsilon_2 \tag{6-2}$$

$$Y_i = C_0 + C_1 ZCRZ_i + C_2 M_i + \sum C_k X_{ki} + \varepsilon_3 \tag{6-3}$$

模型（6-1）、模型（6-2）和模型（6-3）中，Y_i表示肉牛养殖场（户）i的养殖废弃物资源化利用投资行为（包括投资多元化和投资力度两个方面）；$ZCRZ_i$表示肉牛养殖场（户）i的政策认知；M_i为中介变量（包括行为合作与土地流转）；X_{ki}表示一组k个可能同时影响肉牛养殖场（户）投资行为、行为合作以及土地流转的其他解释变量；α_0，β_0和C_0为常数项，α_1，α_k，β_1，β_k，C_1，C_2和C_k为相应自变量的回归系数，ε为残差扰动项。

借鉴温忠麟等（2012）的研究，第一步先对模型（6-1）进行回归，检验肉牛养殖场（户）政策认知是否对养殖废弃物资源化利用投资有显著影响，如果α_1显著，则进行下一步，否则停止中介效应分析；第二步对模型（6-2）进行回归，检验肉牛养殖场（户）政策认知是否对行为合作与土地流转有显著影响；第三步对模型（6-3）进行回归，检验加入中介变量M_i后，肉牛养殖场（户）政策认知是否对养殖废弃物资源化利用投资有显著影响。如果β_1和C_2都显著，则中介效应显著存在，如果此时C_1也显著，则存在部分中介效应，否则存在完全中介效应；如果β_1和C_2至少有一个不显著，则需要做 Sobel 检验以判断中介效应是否显著存在。存在中介效应时，α_1为肉牛养殖场（户）政策认知对养殖废弃物资源化利用投资的总效应，$\beta_1 C_2$为中介效应或间接效应。

2. 数据来源

本章所用数据来源于与第四章中所用数据来源一致，不再赘述。

3. 变量设置及描述性统计

本模型的因变量为肉牛养殖场（户）养殖废弃物资源化利用投资行为，分别用两个指标表示：①肉牛养殖废弃物资源化利用投资多元化，即养殖废弃物资源化利用设施设备种类数，包括堆粪场、污水池、三级处理设施、有机肥加工设备以及沼气池5类，因此取值为0、1、2、3、4和5，其中0表示肉牛养殖场（户）没有投资建设养殖废弃物资源化利用设施设备，约占样本总数的19.6%，5表示肉牛养殖场（户）同时投资建设5种养殖废弃物资源化利用设施设备，仅1个养殖场（户）拥有5类养殖废弃物资源化利用设施设备。②肉牛养殖废弃物资源化利用投资力度，指肉牛养殖场（户）建设养殖废弃物资源化利用设施设备花费总金额，样本中，养殖场（户）最大投资金额为51万元，平均投资金额为4.7万元。

本模型的中介变量有2个，分别为：①养殖场（户）行为合作，用肉牛养殖场（户）是否加入合作社表示，加入为1，未加入为0。样本中，有97个养殖场（户）加入肉牛养殖专业合作社，约占样本总数的35.1%，64.9%的养殖场（户）没有加入合作社。②养殖场（户）土地流转，调研样本中所有肉牛养殖场（户）均不存在土地转出行为，故用养殖场（户）是否转入土地表示，转入为1，不转入为0。样本中，有147个养殖场（户）转入土地，占样本总数的53.3%，超过一半的肉牛养殖场（户）存在土地转入行为，通过土地转入实现更大规模的种养结合。

本模型的核心解释变量为肉牛养殖场（户）政策认知，如表6-1所示，养殖场（户）政策认知由4个变量表示：“您觉得当地政府对养殖环境问题监管严格吗”“您了解有关畜禽养殖监管、惩罚、补贴等政策吗”“您赞同‘谁污染了环境，谁就应该治理’吗”“您赞同‘绿水青山就是金山银山’吗”。本研究通过SPSS20.0软件对这4个变量进行因子分析，降维合成一个政策认知变量（简称 *ZCRZ*），综合代表肉牛养殖场（户）对畜禽养殖相关政策的了解程度以及对绿色养殖行为的个体认知。降维合成后的政策认知变量最小值为－1.41，最大值为 0.68。

借鉴虞祎等（2012）、林光华和王斯杰（2013）、朱宁和秦富（2017）、鞠光伟等（2018）等学者的研究经验，并综合考虑调研问卷设计，从肉牛养殖场（户）个人特征、地区特征、养殖特征 3 个层面选取其他解释变量共 13 个，详见表 6-1。在实证分析中为降低自变量间存在多重共线性的可能性，对主要变量进行去中心化处理。

表 6-1　变量定义与描述性统计

变量名称	变量定义	均值	标准差
因变量			
废弃物资源化利用投资多元化	废弃物资源化利用设施设备种类数(项)	1.52	1.01
废弃物资源化利用投资力度	废弃物资源化利用设施设备建设投资额(万元)	4.73	8.33
核心解释变量:政策认知			
当地政府对养殖环境问题监管严格吗	非常宽松＝1,比较宽松＝2,一般＝3,比较严格＝4,非常严格＝5	4.30	0.77
了解畜禽养殖监管、惩罚、补贴等政策吗	非常不了解＝1,比较不了解＝2,一般＝3,比较了解＝4,非常了解＝5	3.08	1.04
赞同“谁污染了环境,谁就应该治理”吗	非常不赞同＝1,比较不赞同＝2,一般＝3,比较赞同＝4,非常赞同＝5	4.05	1.00
赞同“绿水青山就是金山银山”吗	非常不赞同＝1,比较不赞同＝2,一般＝3,比较赞同＝4,非常赞同＝5	4.43	0.87
中介变量			
行为合作:是否加入合作社	是＝1,否＝0	0.35	0.48
土地流转:是否转入土地	是＝1,否＝0	0.53	0.50
其他解释变量			
性别	男性＝1,女性＝0	0.94	0.23
年龄	负责人 2018 年年龄(岁)	47.25	10.23

续表 6-1

变量名称	变量定义	均值	标准差
文化程度	全日制受教育年限(年)	8.12	3.28
身体健康状况	较差=1,差=2,一般=3,良=4,优=5	4.23	0.90
风险态度	风险规避型=1,风险中性=2,风险偏好型=3	1.77	0.75
家庭规模	家庭人口总数(人)	5.34	2.06
本地地形	平原=1,丘陵=2,山区=3	1.58	0.68
养殖场位置	养殖场距乡镇中心距离(千米)	5.52	3.63
养殖经验	从事肉牛养殖年限(年)	7.01	5.92
养殖规模	2017 年底肉牛存栏数(头)	97.8	189.19
牛粪处理中是否有困难	是=1,否=0	0.52	0.50
信贷约束:肉牛养殖过程中获得银行贷款容易吗	非常难=1,比较难=2,一般=3,比较容易=4,非常容易=5	2.24	1.06
收入认知:肉牛养殖废弃物资源化利用能够增加养殖收入	非常不认同=1,比较不认同=2,一般=3,比较认同=4,非常认同=5	3.84	1.08

第三节　实证检验与结果分析

1. 政策认知对肉牛养殖废弃物资源化利用投资多元化的影响

由于因变量肉牛养殖废弃物资源化利用投资多元化指标为非负整数，符合计数模型的特征，故模型（6-1）和模型（6-3）采用计数模型中的泊松回归估计（Poisson Regression）；模型（6-2）中因变量是否加入合作社与是否转入土地均为离散的二值选择，故采用二元 Probit 模型估计，运用 Stata15.0 分别对 3 个模型进行估计，结果如表 6-2 所示。

表 6-2 政策认知对养殖废弃物资源化利用投资多元化影响的估计结果

自变量	回归(1)	回归(2)	回归(3)	回归(4)
	投资多元化	行为合作	土地流转	投资多元化
核心解释变量				
政策认知	0.331*** (0.104)	0.449* (0.235)	0.408* (0.221)	0.294*** (0.102)
中介变量				
行为合作				0.138* (0.072)
土地流转				0.200*** (0.077)
其他解释变量				
性别	0.106(0.173)	−0.146(0.353)	−0.290(0.381)	0.150(0.168)
年龄	−0.003(0.004)	0.012(0.009)	−0.011(0.009)	−0.003(0.004)
文化程度	0.035*** (0.011)	0.016(0.028)	0.006(0.029)	0.034*** (0.011)
身体健康状况	−0.024(0.043)	−0.059(0.104)	−0.012(0.102)	−0.028(0.043)
风险态度(参照组:风险中性)				
风险规避型	−0.017(0.076)	0.007(0.192)	0.035(0.187)	−0.020(0.074)
风险偏好型	−0.048(0.098)	0.187(0.234)	−0.128(0.239)	−0.045(0.094)
家庭规模	0.010(0.017)	−0.040(0.040)	−0.020(0.040)	0.015(0.018)
本地地形(参照组:山区)				
平原地区	−0.092(0.109)	−0.615** (0.309)	0.399(0.301)	−0.104(0.105)
丘陵地区	−0.128(0.102)	−0.514* (0.288)	0.293(0.287)	−0.144(0.103)

续表 6-2

自变量	回归(1)	回归(2)	回归(3)	回归(4)
	投资多元化	行为合作	土地流转	投资多元化
养殖场位置	−0.012(0.012)	0.007(0.026)	0.029(0.025)	−0.015(0.011)
养殖经验	0.009(0.006)	0.023* (0.014)	0.011(0.014)	0.009(0.006)
养殖规模	0.000 3(0.000 3)	−0.000 2(0.000 5)	0.003** (0.001)	0.000 3(0.000 3)
废弃物处理中是否有困难	0.268*** (0.085)	0.088(0.189)	0.003(0.184)	0.260*** (0.080)
信贷约束	0.005(0.034)	−0.072(0.080)	−0.097(0.080)	0.019(0.034)
收入认知	0.034(0.030)	0.0001(0.079)	0.107(0.078)	0.027(0.031)
常数项	0.212(0.402)	0.196(0.880)	0.469(0.861)	0.159(0.388)
市区	已控制	已控制	已控制	已控制
Log likelihood/Log pseudo likelihood	−369.388	−160.436	165.227	−366.672
LR chi2/Wald chi2	143.93	37.01	50.99	150.71
Pseudo R^2	0.079	0.103	0.134	0.086
样本	276	276	276	276

注：括号内数值为标准误；***、** 和 * 分别表示解释变量在 1%，5%以及 10%的水平下显著。

表6-2中回归（1）结果表明，在不考虑中介效应情况下，政策认知对肉牛养殖废弃物资源化利用投资多元化具有显著正向影响。肉牛养殖场（户）政策认识程度越高，投资购买或建设养殖废弃物资源化利用设施设备的动力越强。中介效应方面，两条中介作用路径均显著。政策认知对行为合作与土地流转的影响均在10％的统计水平上显著，且估计系数为正，表明肉牛养殖场（户）政策认知程度越高，越倾向于加入养殖专业合作社以及转入土地，践行种养结合的循环农业发展理念。将两个中介变量引入模型（6-1）后，政策认知、行为合作以及土地流转变量均通过显著性检验，且政策认知变量的估计系数由0.331下降到0.294，结合回归（1）、回归（2）和回归（3）的结果，运用依次检验法检验表明，两个中介变量均存在部分中介效应。为了更加严谨规范，本研究对已经判断显著的中介效应也进行Sobel检验（胡新艳等，2017）。Sobel检验结果中Z值分别为1.354和1.502，均通过显著性检验，也表明两个中介变量的中介效应都存在。因此，综合检验表明，政策认知会通过行为合作与土地流转对肉牛养殖废弃物资源化利用投资多元化产生正向影响，假说H6-1和H6-2得到证实。

为进一步探究行为合作与土地流转两个中介变量对肉牛养殖废弃物资源化利用投资多元化影响的相对重要性，本研究计算了中介变量引致的间接效应对总效应的贡献，计算公式为$\beta_1 C_2/\alpha_1$，结果如表6-3所示。行为合作的中介效应占总效应的比重为18.73％，土地流转的中介效应占总效应的比重为24.65％，二者的联合中介效应占总效应的43.38％，表明土地流转的中介效应大于行为合作。这是因为，调研中肉牛养殖专业合作社总体质量不高，部分合作社成立的目的是单个养殖场（户）抱团凑够肉牛养殖补贴的规模底线，真正发挥合作社本质功能的肉牛养殖专业合作社相对较少。相反，53.3％的肉牛养殖场（户）转入土地，一方面直接实现种养结合，另一方面通过建设或购置养殖废弃物资源化利用设施设备促进养殖废弃物在养殖场内部及外部更好地实现种养结合。

表6-3　政策认知对养殖废弃物资源化利用投资多元化的影响效应测算

中介变量	总效应	间接效应	间接效应/总效应
路径1：政策认知→行为合作→设施投资	0.331	0.062	18.73％
路径2：政策认知→土地流转→设施投资	0.331	0.082	24.65％

其他解释变量方面，如表6-2中回归（4）所示，养殖负责人文化程度和养殖废弃物处理中是否有困难两个变量通过显著性检验，二者对肉牛养殖废弃物资源化利用投资多元化均具有显著促进作用。养殖场（户）负责人文化程度越高，获取政策信息、相关技术的能力以及市场敏锐性越强，投资建设各种养殖废弃物资源化利用设施设备的积极性越高。养殖废弃物处理中存在困难倒逼肉牛养殖场（户）投资建设各种养殖废弃物资源化利用设施设备，从长远发展考虑解决肉牛养殖废弃物处理难题。

2. 政策认知对肉牛养殖废弃物资源化利用投资力度的影响

由于因变量养殖废弃物资源化利用投资金额中零值有78个，占样本总数的28.3%，形成了典型的左端截取。此时，用OLS估计不能得到一致的估计（Wooldridge，2003）。Tobin（1958）提出的MLE估计（被称为Tobit模型）能够有效纠正变量截取引致的估计偏差，获得一致估计结果。因此，模型(6-1)和模型（6-3）采用左归并Tobit模型估计。模型（6-2）仍采用二元Probit模型估计，运用Stata15.0对3个模型进行估计，结果如表6-4所示。由于模型（6-2）估计结果已在表6-2中（回归2和回归3）列出，此处仅列出模型（6-1）和模型（6-3）的估计结果。

表6-4 政策认知对养殖废弃物资源化利用投资力度影响的估计结果

自变量	回归（5）	回归（6）
	投资力度	投资力度
核心解释变量		
政策认知	4.513*** （1.659）	3.813** （1.656）
中介变量		
行为合作		2.484* （1.275）
土地流转		2.363* （1.261）
其他解释变量		
性别	0.408（2.539）	0.949（2.527）
年龄	0.039（0.063）	0.038（0.063）
文化程度	0.660*** （0.200）	0.641*** （0.197）
身体健康状况	−0.552（0.732）	−0.555（0.723）

续表 6-4

自变量	回归（5）	回归（6）
	投资力度	投资力度
风险态度（参照组：风险中性）		
风险规避型	−1.679（1.352）	−1.633（1.333）
风险偏好型	−1.310（1.685）	−1.342（1.666）
家庭规模	0.109（0.293）	0.143（0.289）
本地地形（参照组：山区）		
平原地区	0.257（2.210）	0.252（2.197）
丘陵地区	−1.356（2.088）	−1.356（2.076）
养殖场位置	0.031（0.180）	0.011（0.178）
养殖经验	0.082（0.102）	0.050（0.101）
养殖规模	0.013***（0.003）	0.012***（0.003）
废弃物处理中是否有困难	1.190（1.358）	1.074（1.342）
信贷约束	−0.347（0.574）	−0.184（0.569）
收入认知	1.179**（0.558）	1.100**（0.553）
常数项	−3.759（6.346）	−4.495（6.275）
市区	已控制	已控制
Log likelihood/Log pseudo likelihood	−767.560	−763.448
LR chi2 / Wald chi2	81.71	89.93
Pseudo R^2	0.050	0.056
样本	276	276

注：括号内数值为标准误；***、**和*分别表示解释变量在1%，5%以及10%的水平下显著。

表6-4中回归（5）结果表明，在不考虑中介效应情况下，政策认知对肉牛养殖废弃物资源化利用投资力度也具有显著正向影响，养殖场（户）政策认识程度越高，在养殖废弃物资源化利用设施设备配套方面的投资力度越大。中介效应方面，模型（6-2）的回归结果前文已经分析，不再赘述。将两个中介变量引入模型（6-1）后，政策认知、行为合作以及土地流转变量均通过显著性检验，结合回归（6）、回归（2）和回归（3）的结果，运用依次检验法检验表明，两个中介变量也都存在部分中介效应。Sobel 检验结果中 Z 值分别为 1.362 和 1.314，均通过显著性检验，也表明两个中介变量的中介效应均存

在。因此，综合检验表明，政策认知会通过行为合作与土地流转对肉牛养殖废弃物资源化利用设施设备投资力度产生正向影响，假说 H6-1 和假说 H6-2 再次得到证实。

其他解释变量方面，如表 6-4 中回归（6）所示，养殖负责人文化程度、养殖规模以及收入认知 3 个变量通过显著性检验，三者对肉牛养殖废弃物资源化利用投资力度均具有显著促进作用。养殖场（户）负责人文化程度越高，养殖废弃物资源化利用相关认知及能力越强，投资建设养殖废弃物资源化利用设施设备的力度越大。养殖规模越大，养殖废弃物处理面临的压力越大，同时也具备了建设养殖废弃物资源化利用设施设备的规模经济基础，会加大投资力度配套建设与养殖规模相匹配的养殖废弃物资源化利用设施设备。养殖场（户）认为养殖废弃物资源化利用的创收效应越强，受利益驱动投资建设养殖废弃物资源化利用设施设备的动力及力度越大。

同理，进一步探究行为合作与土地流转两个中介变量对肉牛养殖废弃物资源化利用投资力度影响的相对重要性，结果如表 6－5 所示。行为合作的中介效应占总效应的比重为 24.71％，土地流转的中介效应占总效应的比重为 21.35％，二者的联合中介效应占总效应的 46.06％，表明行为合作的中介效应大于土地流转，与政策认知对养殖废弃物资源化利用投资多元化影响的结果恰恰相反。这是因为，政策认知通过正向激励肉牛养殖场（户）加入合作社进而促进其建设或购置各种养殖废弃物资源化利用设施设备，也即促进养殖废弃物资源化利用设施设备投资的多元化，如建设堆粪场、污水池、三级处理设施、沼气池以及购买有机肥加工设备等。不同等级的养殖废弃物资源化利用设施设备投资金额不等。一般情况下，堆粪场、污水池的建设成本较低，而三级处理设施、沼气池和有机肥加工设备的建设或购置成本较高。从实地调研来看，肉牛养殖场（户）转入土地主要用于种养结合，同时也在一定程度上满足了养殖废弃物资源化利用设施设备投资的用地需求，但主要建设或购置堆粪场和污水池等等级偏低的养殖废弃物资源化利用设施设备，并不能有效促进养殖废弃物资源化利用设施设备提档升级。虽然调研发现肉牛养殖专业合作社整体质量不高，其功能主要体现在为养殖场（户）争取政策资金，但加入合作社的养殖场（户）在信息、技术等方面具有一定的优势，促使其投资等级更高、资金需求较大的养殖废弃物资源化利用设施设备，如建设沼气池、购买有机肥加工设备等。综合来看，在肉牛养殖废弃物资源化利用设施设备投资多元化方面，土地流转的中介效应大于行为合作，而在养殖废弃物资源化利用设施设备投资力度方面，行为合作的中介效应大于土地流转。

表 6-5　政策认知对养殖废弃物资源化利用投资力度的影响效应测算

中介变量	总效应	间接效应	间接效应/总效应
路径 1：政策认知→行为合作→设施投资	4.513	1.115	24.71%
路径 2：政策认知→土地流转→设施投资	4.513	0.964	21.35%

投资多元化与投资力度是肉牛养殖场（户）养殖废弃物资源化利用投资行为的两个重要方面，本研究将行为合作与土地流转两个中介变量在养殖废弃物资源化利用投资多元化与投资力度两个方面的中介效应加权取平均值，综合衡量二者对养殖废弃物资源化利用投资影响的相对重要性。结果显示，行为合作的中介效应占总效应的比重为 21.72%，土地流转的中介效应占总效应的比重为 23.00%，二者的联合中介效应占总效应的 44.72%。综合情况下，土地流转与行为合作的中介效应相当，土地流转略强于行为合作，政策认知对肉牛养殖废弃物资源化利用投资的影响有 44.72%是通过养殖场（户）加入合作社与转入土地的间接路径实现的。

第四节　稳健性检验

为增强上述实证结果的可靠性，本研究对上述多重中介效应模型的稳健性进行检验。模型稳健性检验可以从改变样本容量、（被）解释变量、估计方法等角度入手，遵循可行性、科学性原则（李乾，2017），本研究变换模型核心解释变量。前文分析时政策认知变量通过因子分析降维合成，稳健性检验时重新构建政策认知变量，通过表 6-1 中 4 个政策认知变量简单加权平均合成新的政策认知变量。对新的政策认知变量去中心化处理，代入模型重新估计，结果如表 6-6 所示。

表 6-6　稳健性检验结果

自变量	回归(7)	回归(8)	回归(9)	回归(10)	回归(11)	回归(12)
	设施种类	行为合作	土地流转	设施种类	投资金额	投资金额
核心解释变量						
政策认知	0.236***(0.069)	0.314*(0.161)	0.252*(0.153)	0.212***(0.068)	3.057***(1.143)	2.593**(1.141)
中介变量						
行为合作				0.137*(0.072)		2.472*(1.276)
土地流转				0.202***(0.077)		2.408*(1.260)
其他解释变量						
性别	0.108(0.171)	−0.141(0.353)	−0.285(0.381)	0.153(0.166)	0.459(2.541)	0.999(2.528)
年龄	−0.003(0.004)	0.012(0.009)	−0.011(0.009)	−0.003(0.004)	0.041(0.063)	0.040(0.063)
文化程度	0.035***(0.011)	0.016(0.028)	0.006(0.028)	0.034***(0.011)	0.660***(0.200)	0.642***(0.197)
身体健康状况	−0.025(0.043)	−0.060(0.104)	−0.010(0.102)	−0.029(0.042)	−0.551(0.734)	−0.556(0.723)
风险态度(参照组:风险中性)						
风险规避型	−0.018(0.076)	0.004(0.192)	0.032(0.186)	−0.021(0.074)	−1.707(1.351)	−1.655(1.333)
风险偏好型	−0.055(0.098)	0.177(0.234)	−0.131(0.239)	−0.051(0.094)	−1.391(1.687)	−1.409(1.668)
家庭规模	0.010(0.017)	−0.042(0.040)	−0.021(0.040)	0.014(0.018)	0.098(0.293)	0.134(0.289)
本地地形(参照组:山区)						
平原地区	−0.092(0.109)	−0.619**(0.309)	0.396(0.301)	−0.105(0.105)	0.237(2.210)	0.225(2.197)
丘陵地区	−0.123(0.102)	−0.509*(0.287)	0.297(0.287)	−0.141(0.103)	−1.307(2.088)	−1.326(2.076)
养殖场位置	−0.012(0.012)	0.007(0.026)	0.030(0.025)	−0.016(0.011)	0.032(0.180)	0.010(0.178)

续表 6-6

自变量	回归(7)	回归(8)	回归(9)	回归(10)	回归(11)	回归(12)
	设施种类	行为合作	土地流转	设施种类	投资金额	投资金额
养殖经验	0.009(0.006)	0.023(0.014)	0.011(0.014)	0.008(0.006)	0.081(0.102)	0.049(0.101)
养殖规模	0.000 3(0.000 3)	−0.000 2(0.000 5)	0.003** (0.001)	0.000 2(0.000 3)	0.013*** (0.003)	0.012*** (0.003)
废弃物处理中是否有困难	0.267*** (0.084)	0.083(0.189)	−0.002(0.184)	0.260*** (0.080)	1.151(1.357)	1.042(1.340)
信贷约束	0.004(0.034)	−0.071(0.080)	−0.095(0.080)	0.018(0.034)	−0.341(0.574)	−0.178(0.569)
收入认知	0.036(0.030)	0.004(0.079)	0.111(0.077)	0.028(0.030)	1.216** (0.557)	1.130** (0.552)
常数项	0.116(0.387)	−0.208(0.881)	0.449(0.862)	0.172(0.385)	−5.147(6.341)	−5.854(6.282)
市区	已控制	已控制	已控制	已控制	已控制	已控制
Log likelihood/Log pseudo likelihood	−369.189	−160.359	−165.578	−366.456	−767.691	−763.519
LR chi2/Wald chi2	145.04	37.17	50.29	152.25	81.45	89.79
Pseudo R^2	0.079	0.104	0.132	0.086	0.050	0.055
样本	276	276	276	276	276	276

注：括号内数值为标准误；***、** 和 * 分别表示解释变量在 1%，5%以及 10%的水平下显著。

回归（7）～回归（10）中政策认知对肉牛养殖废弃物资源化利用投资多元化、行为合作以及土地流转均具有显著正向影响，且回归（10）中行为合作与土地流转均对养殖废弃物资源化利用投资多元化具有显著正向影响，依次检验法检验表明，两个中介变量也都存在部分中介效应。Sobel 检验结果中 Z 值分别为 1.360 和 1.395，均通过显著性检验，也表明两个中介变量的中介效应均存在。因此，在投资多元化层面，假说 H6-1 和假说 H6-2 得到证实。而且养殖负责人文化程度和养殖废弃物处理中是否有困难两个变量也都通过显著性检验，与前文实证结果一致，综合表明模型稳健性较好。

同理，回归（11）中政策认知对肉牛养殖废弃物资源化利用投资力度的影响在 1%的统计水平上显著，引入 2 个中介变量后，政策认知变量依然正向显著，回归系数由 3.057 下降至 2.593，而且行为合作与土地流转也依然均对养殖废弃物资源化利用投资力度具有显著正向影响。依次检验法和 Sobel 检验均表明，两个中介变量也都存在部分中介效应。因此，在投资力度层面，假说 H6-1 和假说 H6-2 也得到证实。而且养殖负责人文化程度、养殖规模以及收入认知 3 个变量也通过显著性检验，与前文实证结果一致，再次证明模型的稳健性较好。

表 6-7 为政策认知对肉牛养殖废弃物资源化利用投资多元化与投资力度的影响效应测算结果，投资多元化层面，行为合作的中介效应占总效应的比重为 13.68%，小于土地流转的中介效应占总效应的比重，也即土地流转的中介效应占据主导作用；而在投资力度层面，行为合作的中介效应占总效应的比重大于土地流转，占据主导作用。该结果与前文分析结果相一致，也从侧面证明模型的稳健性较好。

表 6-7 政策认知对养殖废弃物资源化利用投资多元化与力度的影响效应测算

中介传导机制	投资多元化		投资力度	
	间接效应	间接效应/总效应	间接效应	间接效应/总效应
路径 1：政策认知→行为合作→设施投资	0.043	13.68%	0.777	25.41%
路径 2：政策认知→土地流转→设施投资	0.051	16.23%	0.607	19.85%

第五节　本章小结

本章在对政策认知与肉牛养殖废弃物资源化利用投资之间理论关系进行梳理的基础之上，识别出行为合作与土地流转两个中间传导机制，构建政策认知视角下肉牛养殖废弃物资源化利用投资的理论分析框架，基于肉牛养殖场（户）调研数据，采用多重中介效应模型对理论假说进行实证检验，得到如下研究结论：

（1）政策认知对肉牛养殖场（户）养殖废弃物资源化利用投资多元化以及投资力度均具有显著正向影响。

（2）行为合作与土地流转是政策认知影响肉牛养殖场（户）养殖废弃物资源化利用投资的重要中间传导机制，二者均表现出显著的部分中介作用，平均间接效应约占总效应的一半。

（3）行为合作与土地流转发挥中介效应的侧重点分别体现在肉牛养殖废弃物资源化利用投资的质与量上，具体而言，在养殖废弃物资源化利用投资多元化层面，土地流转的中介效应大于行为合作，而在养殖废弃物资源化利用投资力度层面，行为合作的中介效应大于土地流转，也即政策认识通过土地流转主要促进肉牛养殖废弃物资源化利用设施设备配套及普及，而通过行为合作主要促进肉牛养殖废弃物资源化利用设施设备提档升级，但综合情况下，二者发挥投资激励的中介效应程度相当。

（4）养殖负责人文化程度、养殖废弃物处理中是否有困难、养殖规模以及收入认知对肉牛养殖废弃物资源化利用投资具有显著的促进作用。

第七章

肉牛养殖废弃物资源化利用政府规制[①]

① 本章内容以《畜禽养殖废弃物资源化利用中政府行为选择——激励抑或惩罚》为题发表于《农村经济》2018年第36卷，作者为李乾，王玉斌；以《The impact of alternative policies on livestock farmers' willingness to recycle manure: Evidence from central China》为题发表于《China Agricultural Economic Review》2020年第12卷，作者为Qian Li, Jingjing Wang, Xiaoyang Wang, Yubin Wang (通讯作者)，略有修改。

养殖场（户）是养殖环境治理的第一责任主体，但囿于肉牛养殖废弃物资源化利用行为的外部性属性，加之土地、资金、技术等要素约束，养殖场（户）自发参与养殖废弃物资源化利用的积极性不强，需要政府力量的适时介入。前文第三章至第六章分析中均发现，政府在肉牛养殖场（户）养殖废弃物资源化利用行为中发挥着重要作用。2014 年以来，国家出台了一系列促进畜禽粪便资源化利用的政策（金书秦等，2018）。2017 年国务院办公厅印发《关于加快推进畜禽养殖废弃物资源化利用的意见》（国办发〔2017〕48 号），要求各地加快建立健全畜禽养殖废弃物资源化利用制度，并于 2018 年 1 月 1 日起，实施养殖环保税，地方政府也因地制宜出台相应的政策措施，多重举措推进肉牛等畜禽养殖废弃物资源化利用，有效应对养殖环境污染问题。

政府介入环境治理的政策工具包括税收（如庇古税）、排污许可证、补贴、押金返还制度、技术标准、产权界定等。伴随着从计划经济向市场经济体制的转变，我国环境政策经历了从单一指令控制向采用行政、市场等手段综合治理的转变（叶鸿蔚和高雅雯，2013）。当前，无论是从养殖场（户）角度还是政府角度考虑，仅依靠行政性强制手段，难以实现对畜牧业污染的有效监管与控制（张永强等，2018），要重视经济激励型政策工具、创新命令控制型政策工具、引入环境自愿型政策工具，其中环境自愿型政策工具是继命令控制型与经济激励型政策工具之后的新型环境政策工具（贾秀飞和叶鸿蔚，2016）。因此，在环境自发治理存在市场失灵的情况下，政府介入尤为必要（Triguero 等，2016），但是政府介入的边界以及政策工具的选择直接关系到环境治理效果的好坏，不适宜的政策工具反而会导致政府失灵。本章对政府介入肉牛养殖废弃物资源化利用的经济逻辑、规制方式以及作用效果进行研究，为政府部门实施更加有效的养殖废弃物资源化利用规制措施提供有益思考。

第一节 政府规制肉牛养殖场（户）行为的经济逻辑

环境作为一种产品具有公共物品属性，具有非排他性，而公共物品是造成市场失灵的一个潜在因素。当肉牛养殖场（户）排放养殖废弃物时，会对环境造成污染，环境污染是一种具有负外部性的公共物品；反之，当肉牛养殖场（户）进行养殖废弃物资源化利用时，养殖废弃物转变为一种可利用的资源，肉牛养殖废弃物资源化利用行为规避的环境污染表现出正的外部性。肉牛养殖场（户）排放养殖废弃物或进行养殖废弃物资源化利用面临边际私人收益（或边际私人成本）与边际社会收益（或边际社会成本）不完全对等的情形，仅依靠市场调控不能有效实现资源的最优配置，需要政府通过对私人负外部性行为征税或者对私人正外部性行为补贴来矫正边际私人成本或边际私人收益，促使外部效应内部化，以实现帕累托最优（舒畅，2017），即需要政府制定相应政策与措施对行为主体的经济活动进行调节，以达到保持环境与经济发展相协调的目标（吴朝霞，2018）。

1. 肉牛养殖废弃物排放

肉牛养殖废弃物排放具有负外部效应。如图 7-1 所示，*MPC* 和 *MSC* 分别表示边际私人成本和边际社会成本，*MR* 表示边际收益，*MEC* 为边际环境成本，横轴 *Q* 可表示肉牛养殖废弃物产生量或环境承载力，因为肉牛养殖废弃物产生量取决于肉牛养殖数量，故横轴 *Q* 也可以表示肉牛养殖量。肉牛养殖场（户）出于个人利益最大化原则，确定最优养殖量或养殖废弃物排放量为 Q_1，但由于存在边际环境成本 *MEC*，边际私人成本 *MPC* 小于边际社会成本 *MSC*（*MSC*＝*MPC*＋*MEC*），社会最优决策均衡位于 E_2，最优养殖量或养殖废弃物排放量为 Q_2。存在负外部效应的情形下，市场中产品供给量大于社会最优供给量（$Q_2<Q_1$），此时表现为环境压力加剧。肉牛养殖废弃物排放的负外部效应可能会引致与周边居民的矛盾纠纷、被举报、受到政府惩罚等，也即边际环境成本被部分或全部内部化，*MPC* 曲线会受负外部效应引致的影响逐渐移至 *MPC′*，并向 *MSC*

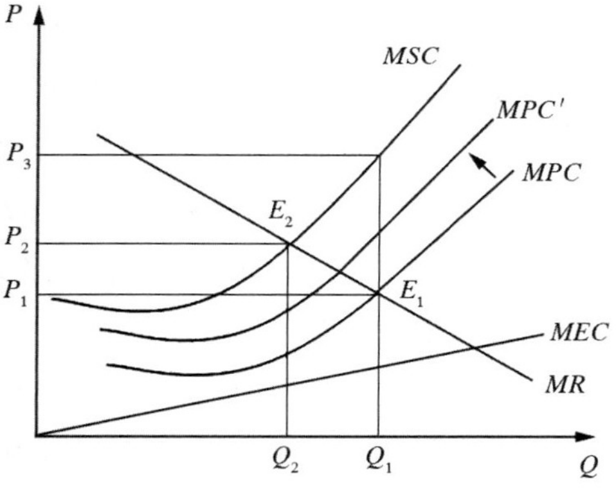

图 7-1　肉牛养殖废弃物排放的负外部效应

靠拢，使市场均衡逐渐回归社会最优均衡。

2. 肉牛养殖废弃物资源化利用

肉牛养殖废弃物资源化利用具有正外部效应。如图 7-2 所示，*MPR* 和 *MSR* 分别表示边际私人收益和边际社会收益，*MC* 表示边际成本，*MER* 表示边际环境收益，横轴 *Q* 表示肉牛养殖废弃物资源化利用量。同理，肉牛养殖场（户）出于个人利益最大化原则，确定最优养殖废弃物资源化利用量为 Q_3，但由于存在边际环境收益 *MER*，边际私人收益 *MPR* 小于边际社会收益 *MSR*（*MSR*＝*MPR*＋*MER*），社会最优决策均衡位于 E_4，最优肉牛养殖废弃物资源化利用量为 Q_4。存在正外部效应的情形下，市场中产品供给量小于社会最优供给量（$Q_3 < Q_4$），此时表现为环境保护存在进一步改善的空间。肉牛养殖废弃物资源化利用的正外部效应可能会得到政府补贴支持、增进邻里关系、提高个人声誉等，也即边际环境收益被部分或全部内部化，*MPR* 曲线会受正外部效应引致的影响逐渐移至 *MPR′*，并向 *MSR* 靠拢，同样使市场均衡逐渐回归社会最优均衡。

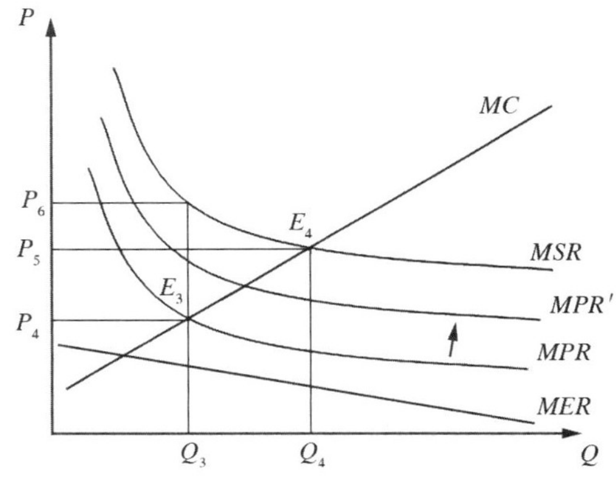

图 7-2　肉牛养殖废弃物资源化利用的正外部效应

第二节　政府规制肉牛养殖场（户）行为的策略博弈

从具体实践来看，政府介入肉牛养殖废弃物资源化利用的行为方式主要包括罚款惩罚和补贴激励两种。借鉴李乾和王玉斌（2019）的研究经验，将政府规制方式划分为以补贴为代表的经济激励型政策、以惩罚为代表的命令强制型政策、兼具补贴和惩罚的混合型政策 3 类，分别构建 3 种政策情景下政府与肉牛养殖场（户）的动态博弈分析框架。在具体博弈分析中，假设政府和肉牛养殖场（户）对彼此的策略行为以及收益函数均是完全了解的，也即博弈双方信息是完全的。

1. 命令强制型政策——惩罚

该政策情景下，政府对不进行养殖废弃物资源化利用的肉牛养殖场（户）进行惩罚，也即政府规制表现为以罚款为代表的命令强制型手段，约束养殖场（户）行为。类似于 Pigou（1920）在 *The Economics of Welfare* 中提出的庇古税，对环境污染者征收排污税，以矫正边际私人成本。假设政府监管的成本为 C_1（本研究中所有参数设定均为正值，下同）、罚款为 F；在政府监管过程中，一方面肉牛养殖场（户）较为分散、监管机构能力相对薄弱，养殖污染信息不易及时有效获得；另一方面，部分地方政府出于经济绩效的考量，会忽视或袒护肉牛养殖污染行为，因此肉牛养殖污染行为被监管到以及被罚款均属于不确定性事件。借鉴孙若愚（2016）的做法，假设肉牛养殖场（户）不进行养殖废弃物资源化利用被监管到且罚款的概率为 λ_1；政府若不对肉牛养殖场（户）污染环境行为进行规制，肉牛养殖废弃物丢弃或随意排放会给周边居民生活带来严重影响，引致周边居民的不满，假设此时政府声誉损失为 R_1；对于肉牛养殖场（户）而言，假设养殖废弃物资源化利用的成本为 C_2、收益为 S_1，不进行养殖废弃物资源化利用的声誉损失为 R_2、罚款为 F。

分析博弈双方的策略收益易知，该博弈不存在纯策略纳什均衡，故求解混合策略纳什均衡。假设政府采取惩罚措施（即规制）的概率为 q_1，不采取惩罚措施（即不规制）的概率为 $1-q_1$，肉牛养殖场（户）进行养殖废弃物资源化利用的概率为 p_1，不进行养殖废弃物资源化利用的概率为 $1-p_1$，且 $q_1 \in [0, 1]$、$p_1 \in [0, 1]$。

根据如上假设条件，构建肉牛养殖场（户）与政府的博弈收益矩阵（表 7-1）。假设肉牛养殖场（户）的期望效用为 U_{f1}，政府的期望效用为 U_{g1}，则

表 7-1　命令强制型政策情景下肉牛养殖场（户）和政府的博弈收益矩阵

分类		政府	
		惩罚(q_1)	不惩罚($1-q_1$)
养殖场(户)	资源化(p_1)	$-C_2+S_1, -C_1$	$-C_2+S_1, 0$
	不资源化($1-p_1$)	$-R_2-\lambda_1 F, \lambda_1 F-C_1$	$-R_2, -R_1$

U_{f1}和U_{g1}分别表示如公式（7-1）和公式（7-2）。

$$U_{f1}=p_1[q_1(-C_2+S_1)+(1-q_1)(-C_2+S_1)]+(1-p_1)[q_1(-R_2-\lambda_1F)+(1-q_1)(-R_2)] \tag{7-1}$$

$$U_{g1}=q_1[p_1(-C_1)+(1-p_1)(\lambda_1F-C_1)]+(1-q_1)[p_1\times 0+(1-p_1)(-R_1)] \tag{7-2}$$

肉牛养殖场（户）期望效用U_{f1}和政府期望效用U_{g1}分别对养殖废弃物资源化利用概率p_1和惩罚概率q_1求一阶偏导，并根据函数最大化条件分别令偏导数为0，得公式（7-3）和公式（7-4）。

$$\frac{\partial U_{f1}}{\partial p_1}=S_1-C_2+R_2+q_1\lambda_1F=0 \tag{7-3}$$

$$\frac{\partial Ug_1}{\partial q_1}=\lambda_1F-C_1-p_1\lambda_1F-p_1R_1+R_1=0 \tag{7-4}$$

$$q_1^*=\frac{C_2-S_1-R_2}{\lambda_1F} \tag{7-5}$$

$$p_1^*=\frac{\lambda_1F-C_1+R_1}{\lambda_1F+R_1} \tag{7-6}$$

公式（7-5）和公式（7-6）中，q_1^*和p_1^*为政府和肉牛养殖场（户）博弈的混合策略纳什均衡解。当政府采取惩罚措施的概率大于q_1^*时，肉牛养殖场（户）会进行养殖废弃物资源化利用，反之则不进行；当肉牛养殖场（户）进行养殖废弃物资源化利用的概率大于p_1^*，政府会采取不惩罚措施，反之则采取惩罚措施。处在纳什均衡解上时，政府和肉牛养殖场（户）采取任何一种策略的效果都一样。对于q_1^*来说，政府惩罚力度越大，肉牛养殖场（户）进行养殖废弃物资源化利用的物质收益和非物质收益越高，养殖场（户）进行养殖废弃物资源户利用的积极性就越强；对于p_1^*来说，政府罚款所得和声誉认知的综合效益越大，监管成本越小，政府采取惩罚措施的积极性就越强。

2. 经济激励型政策——补贴①

假设政府只采取单一的经济激励型手段，即对肉牛养殖场（户）进行养殖废弃物资源化利用行为予以财政补贴，补贴标准为S_2。在项目资金有限以

① 文中补贴指广义的补贴，包括税收优惠、项目支持等各种直接或间接性经济激励。

及申请条件的制约下，肉牛养殖场（户）进行养殖废弃物资源化利用不一定必然获得补贴，获得补贴还与其养殖规模、养殖废弃物资源化利用方式、个人申请的积极程度等有关，因此假设肉牛养殖场（户）进行养殖废弃物资源化利用获得补贴的概率为 λ_2。在经济激励型政策工具和命令强制型政策工具实施背景下，利益主体间的参与主动性相反，因此经济激励型政策实施时的政府规制成本应低于命令强制型政策实施时，假定此时政府规制成本为 C_3（$C_1>C_3$），其他假设与命令强制型政策情景下一致，即政府不进行监管且肉牛养殖场（户）不进行养殖废弃物资源化利用时的声誉损失为 R_1，肉牛养殖场（户）进行养殖废弃物资源化利用的成本为 C_2、收益为 S_1，不进行养殖废弃物资源化利用时的声誉损失为 R_2。

同理，该博弈也不存在纯策略纳什均衡，故求解混合策略纳什均衡。假设政府采取补贴措施（即规制）的概率为 q_2，不采取补贴措施（即不规制）的概率为 $1-q_2$，肉牛养殖场（户）进行养殖废弃物资源化利用的概率为 p_2，不进行养殖废弃物资源化利用的概率为 $1-p_2$，且 $q_2\in[0, 1]$，$p_2\in[0, 1]$。

根据如上假设条件，构建肉牛养殖场（户）和政府的博弈收益矩阵（表7-2）。假设肉牛养殖场（户）的期望效用为 U_{f2}，政府的期望效用为 U_{g2}，则 U_{f2} 和 U_{g2} 分别表示为公式（7-7）和公式（7-8）。

表 7-2　经济激励型政策情景下肉牛养殖场（户）和政府的博弈收益矩阵

分类		政府	
		补贴(q_2)	不补贴($1-q_2$)
养殖场(户)	资源化(p_2)	$-C_2+S_1+\lambda_2 S_2, -C_3-\lambda_2 S_2$	$-C_2+S_1, 0$
	不资源化($1-p_2$)	$-R_2, -C_3$	$-R_2, -R_1$

$$U_{f2}=p_2[q_2(-C_2+S_1+\lambda_2 S_2)+(1-q_2)(-C_2+S_1)]+(1-p_2)[q_2(-R_2)+(1-q_2)(-R_2)] \tag{7-7}$$

$$U_{g2}=q_2[p_2(-C_3-\lambda_2 S_2)+(1-p_2)(-C_3)]+(1-q_2)[p_2 * 0+(1-p_2)(-R_1)] \tag{7-8}$$

同理，肉牛养殖场（户）期望效用 U_{f2} 和政府期望效用 U_{g2} 分别对养殖废弃物资源化利用概率 p_2 和补贴概率 q_2 求一阶偏导，并根据函数最大化条件分别令偏导数为 0，得公式（7-9）和公式（7-10）。

$$\frac{\partial U_{f2}}{\partial p_2} = q_2\lambda_2 S_2 - C_2 + S_1 + R_2 = 0 \tag{7-9}$$

$$\frac{\partial U_{g2}}{\partial q_2} = - p_2\lambda_2 S_2 - C_3 - p_2 R_1 + R_1 = 0 \tag{7-10}$$

$$p_2^* = \frac{R_1 - C_3}{R_1 + \lambda_2 S_2} \tag{7-11}$$

$$q_2^* = \frac{C_2 - S_1 - R_2}{\lambda_2 S_2} \tag{7-12}$$

公式（7-11）和公式（7-12）中，q_2^* 和 p_2^* 为政府和肉牛养殖场（户）在经济激励型政策情景下博弈的混合策略纳什均衡解。同理，当政府采取补贴措施的概率大于 q_2^*，肉牛养殖场（户）会进行养殖废弃物资源化利用，反之则不进行；当肉牛养殖场（户）进行养殖废弃物资源化利用的概率大于 p_2^*，政府会采取不补贴措施，反之则采取补贴措施，以提高肉牛养殖场（户）进行养殖废弃物资源化利用的积极性。处在纳什均衡解上时，政府和肉牛养殖场（户）采取任何一种策略的效果都一样。对于 q_2^* 来说，政府补贴力度越大、肉牛养殖场（户）进行养殖废弃物资源化利用的物质收益和非物质收益越高，养殖场（户）进行养殖废弃物资源化利用的积极性就越强；对于 p_2^* 来说，政府补贴支出和声誉认知的综合成本越高、监管成本越高，政府采取补贴措施的积极性就越低。

3. 混合型政策——惩罚与补贴

政府有时会同时使用命令强制型政策工具和经济激励型政策工具。该情景下，假设政府的监管成本为 C_4，因为涉及惩罚和补贴两类政策，故 C_4 分别大于 C_1 与 C_3，其余假设条件与命令强制型和经济激励型政策情景下一致，此处不再赘述。

同理，该博弈也不存在纯策略纳什均衡，故求解混合策略纳什均衡。假设政府同时采取惩罚与补贴措施（即双规制）的概率为 q_3，不采取（双）规制措施①的概率为 $1-q_3$，肉牛养殖场（户）进行养殖废弃物资源化利用的概率为 p_3，不进行养殖废弃物资源化利用的概率为 $1-p_3$，且 $q_3 \in [0, 1]$、$p_3 \in [0, 1]$。

根据如上假设条件，构建肉牛养殖场（户）和政府的博弈收益矩阵（表7-3）。假设肉牛养殖场（户）的期望效用为 U_{f3}，政府的期望效用为 U_{g3}，则 U_{f3} 和 U_{g3} 分别表示如公式（7-13）和公式（7-14）。

表 7-3　混合型政策情景下肉牛养殖场（户）和政府的博弈收益矩阵

分类		政府	
		双规制（q_3）	不规制（$1-q_3$）
养殖场（户）	资源化（p_3）	$-C_2+S_1+\lambda_2 S_2, -C_4-\lambda_2 S_2$	$-C_2+S_1, 0$
	不资源化（$1-p_3$）	$-R_2-\lambda_1 F, \lambda_1 F-C_4$	$-R_2, -R_1$

$$U_{f3} = p_3[q_3(-C_2+S_1+\lambda_2 S_2)+(1-q_3)(-C_2+S_1)]+(1-p_3)[q_3(-R_2-\lambda_1 F)+(1-q_3)(-R_2)] \tag{7-13}$$

$$U_{g3} = q_3[p_3(-C_4-\lambda_2 S_2)+(1-p_3)(\lambda_1 F-C_4)]+(1-q_3)[p_3 * 0+(1-p_3)(-R_1)] \tag{7-14}$$

同理，肉牛养殖场（户）期望效用 U_{f3} 和政府期望效用 U_{g3} 分别对养殖废弃物资源化利用概率 p_3 和双规制概率 q_3 求一阶偏导，并根据函数最大化条件分别令偏导数为0，得公式（7-15）和公式（7-16）。

$$\frac{\partial U_{f_3}}{\partial p_3} = q_3\lambda_2 S_2 - C_2 + S_1 + q_3\lambda_1 F + R_2 = 0 \tag{7-15}$$

$$\frac{\partial U_{g_3}}{\partial q_3} = \lambda_1 F - C_4 - p_3\lambda_2 S_2 - p_3\lambda_1 F - p_3 R_1 + R_1 = 0 \tag{7-16}$$

$$p_3^* = \frac{\lambda_1 F - C_4 + R_1}{\lambda_1 F + \lambda_2 S_2 + R_1} \tag{7-17}$$

$$q_3^* = \frac{C_2 - S_1 - R_2}{\lambda_2 S_2 + \lambda_1 F} \tag{7-18}$$

公式（7-17）和公式（7-18）中，q_3^* 和 p_3^* 为政府和肉牛养殖场（户）

① 在混合型政策情景下，仅存在双规制和不规制两种情形，不规制也即不双规制。

在混合型政策情景下博弈的混合策略纳什均衡解。同理，当政府同时采取惩罚和补贴的概率大于 q_3^*，肉牛养殖场（户）会进行养殖废弃物资源化利用，反之则不进行；当肉牛养殖场（户）进行养殖废弃物资源化利用的概率大于 p_3^*，政府会不采取规制措施，反之则同时采取惩罚和补贴措施。处在纳什均衡解上时，政府和肉牛养殖场（户）采取任何一种策略的效果都一样。对于 q_3^* 来说，政府补贴和惩罚力度越大，肉牛养殖场（户）进行养殖废弃物资源化利用的物质收益和非物质收益越高，养殖场（户）进行养殖废弃物资源化利用的积极性就越强；对于 p_3^* 来说，政府补贴支出和监管成本越低，罚款收入和声誉认知越高，政府采取混合型政策措施的积极性就越强。

4.3 种政策情景下纳什均衡解的比较

对比 3 种政策工具情景下，政府与肉牛养殖场（户）博弈的混合策略纳什均衡解，结果如公式（7-19）和公式（7-20）所示。对于 p^* 来说，对比可知 p_3^* 小于 p_1^*，而 p_2^* 与 p_3^* 之间孰大孰小不确定，取决于 $\lambda_1 F$ 以及 C_4 和 C_3 的大小，如若假定 C_4 和 C_3 相差较小或相等，则 p_2^* 小于 p_3^*，此时 $p_2^* < p_3^* < p_1^*$；对于 q^* 来说，对比可知 q_3^* 最小，而 q_1^* 与 q_2^* 孰大孰小取决于 $\lambda_1 F$ 和 $\lambda_2 S_2$ 的大小，也即取决于两种政府规制政策的实施力度。

$$p_2^* - p_3^* = \frac{(R_1 + \lambda_2 S_2)(C_4 - C_3) - \lambda_1 F(C_3 + \lambda_2 S_2)}{(R_1 + \lambda_2 S_2)(\lambda_1 F + \lambda_2 S_2 + R_1)} \tag{7-19}$$

$$\begin{cases} q_3^* < q_2^* < q_1^*, & \text{if} \quad \lambda_1 F < \lambda_2 S_2 \\ q_3^* < q_2^* = q_1^*, & \text{if} \quad \lambda_1 F = \lambda_2 S_2 \\ q_3^* < q_1^* < q_2^*, & \text{if} \quad \lambda_1 F > \lambda_2 S_2 \end{cases} \tag{7-20}$$

忽略 $q_2^* = q_1^*$ 的情形，图 7-3 为 3 种政策情景下混合策略纳什均衡解的组合分布。两种情形下，纵轴上 q_3^* 均最小，此时肉牛养殖场（户）进行养殖废弃物资源化利用的概率大于均衡解为 q_1^* 与 q_2^* 时，符合最优政策预期；与纵轴上 q_3^* 相对应，横轴上 p_3^* 介于 p_2^* 和 p_1^* 之间，肉牛养殖场（户）进行养殖废弃物资源化利用的概率越大，政府在效用最大化时不采取规制措施的概率就越大，尽可能让市场机制发挥调节作用。因此在肉牛养殖废弃物资源化利用过程中，可以同时采取惩罚和补贴双项规制措施，以提高养殖场（户）养殖废弃物资源化利用的积极性。同时采取两种政策措施的政府规制成本要小于单独采取两种政策措施的成本之和，这也符合范围经济的逻辑。

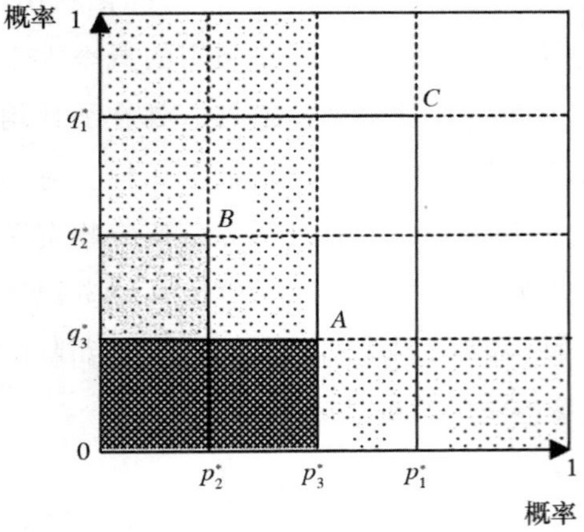

a. $q_2^* < q_1^*$ 时的纳什均衡解比较

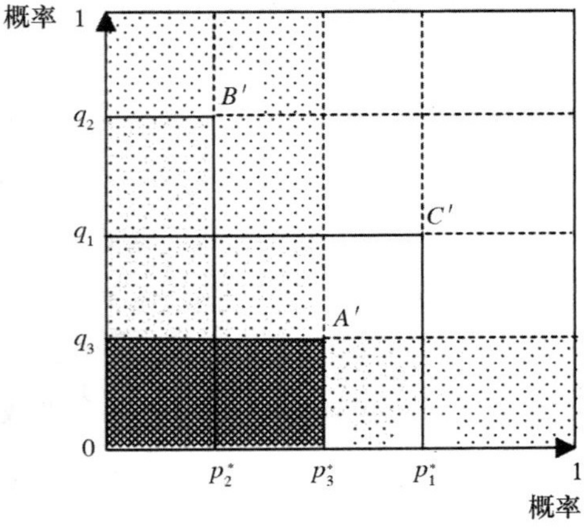

b. $q_2^* > q_1^*$ 时的纳什均衡解比较

图 7-3　3 种政策情景下博弈分析的纳什均衡解比较

第三节　政府规制肉牛养殖场(户)行为的实证检验

1. 模型构建

笔者在第六章中得出的研究结果表明，政策认知对肉牛养殖场（户）养殖废弃物资源化利用投资具有显著的正向促进作用，从政策认知变量构成来看，体现了政府规制的内涵，在一定程度上证明了政府规制对肉牛养殖场（户）养殖废弃物资源化利用行为具有显著的正向影响。在本章中，笔者根据前文博弈分析将政府规制进一步细化为经济激励型政策、命令强制型政策以及混合型政策，深入探究政府不同规制措施对肉牛养殖场（户）养殖废弃物资源化利用行为的作用效果，所得结果也可与第六章中的研究结果互为佐证，还可以增强本研究结果的稳健性。

本研究中被解释变量为肉牛养殖场（户）养殖废弃物资源化利用行为，取值 0 或 1，属于典型的二值选择，因此构建二元 Probit 模型，模型具体表达形式如下：

$$y_i^* = \alpha + \beta ZC_i + \sum \lambda \text{Control}_i + \varepsilon_i \tag{7-21}$$

公式（7-21）中 i 为样本数，y_i^* 为肉牛养殖场（户）养殖废弃物资源化利用行为 y_i 的潜变量，ZC_i 为核心解释变量政府规制，Control_i 为一系列控制变量，α 为常数项，β 和 λ 为各解释变量的待估计系数，ε 为残差扰动项，且假设 ε 服从标准正态分布，即 $\varepsilon \sim N(0, 1)$。

$$y_i = \begin{cases} 1, & \text{if } y_i^* > 0 \\ 0, & \text{if } y_i^* \leqslant 0 \end{cases} \tag{7-22}$$

公式（7-22）为个体的选择规则，当 $y_1^* > 0$ 时，y_i 取值 1，当 $y_1^* \leqslant 0$ 时，y_i 取值 0。令 $\Phi(\cdot)$ 表示服从正态分布的累积分布函数，可得公式（7-23），据此可推导出样本的似然函数，并得到最大似然估计量（陈强，2016）。

$$P(y_i = 1 \mid ZC_i, \text{Control}_i) = \Phi(\alpha + \beta ZC_i + \sum \lambda \text{ Control}_i + \varepsilon_i) \tag{7-23}$$

2. 变量选择

（1）被解释变量。本研究被解释变量为肉牛养殖场（户）养殖废弃物资源化利用行为，用肉牛养殖场（户）是否拥有养殖废弃物资源化利用设施设备衡量。调研中常见的养殖废弃物资源化利用设施设备包括堆粪场、污水池、三级处理设施、有机肥加工设备以及沼气池等，如果肉牛养殖场（户）拥有其中任何一项养殖废弃物资源化利用设施设备赋值为 1，没有任何相关设施设备则赋值为 0。

（2）核心解释变量。根据前文理论分析，政府介入肉牛养殖场（户）养殖废弃物资源化利用行为主要有经济激励型和命令强制型两种政策方式，因此核心解释变量有两个：①经济激励型政策，询问养殖场（户）“您对肉牛养殖废弃物资源化利用相关支持政策是否满意①”，答案包括“非常不满意”“比

① 从调研来看，肉牛养殖废弃物资源化利用相关支持政策主要指养殖废弃物资源化利用设施设备购置或建设补贴，但是调研中许多养殖主体反映，政府允诺的补贴尚未发放，具体金额不得而知，而且少数获得政策支持的养殖主体所获支持资金悬殊较大，存在混淆养殖废弃物资源化利用支持政策与其他支持政策的情形，因此本研究通过询问养殖主体对养殖废弃物资源化利用相关支持政策的满意度来近似衡量肉牛养殖废弃物资源化利用经济激励型政策。

较不满意”“一般”“比较满意”“非常满意”5 个选项，依次赋值 1、2、3、4 和 5。②命令强制型政策，询问养殖场（户）“您觉得当地政府对养殖环境问题监管严格吗”，答案包括“非常宽松”“比较宽松”“一般”“比较严格”“非常严格”5 个选项，依次赋值 1、2、3、4 和 5。鉴于经济激励型政策和命令强制型政策变量均依据李克特五级量表赋值，为降低模型估计时可能存在的多重共线性风险，对其进行去中心化处理。

(3) 其他解释变量。借鉴已有相关研究经验（冯淑怡等，2013；He 等，2016；徐新悦等，2019；Li 等，2020），并结合调研问卷设计，本研究还控制了其他可能影响肉牛养殖场（户）养殖废弃物资源化利用行为的解释变量，如养殖负责人年龄、受教育程度等个人特征变量，养殖年限、养殖规模等养殖特征变量等，具体详见表 7-4。

3. 数据来源

本章所用数据与第四章中所用数据来源一致，不再赘述。

模型中变量描述性统计详见表 7-4，由于笔者在前面章节已经对大部分解释变量进行了描述性统计分析，在本章中主要对因变量与核心自变量进行描述性统计分析。养殖场（户）行为方面，有 198 个肉牛养殖场（户）至少拥有一类养殖废弃物资源化利用设施设备，约占总体样本的 71.74%，没有任何养殖废弃物资源化利用设施设备的养殖场（户）仅占 28.26%，表明肉牛养殖废弃物资源化利用设施设备普及率较高，养殖场（户）参与养殖废弃物资源化利用的动机较强。政府规制方面，如表 7-4 所示，命令强制型政策变量的均值（4.301）大于经济激励型政策变量的均值（3.232），表明从肉牛养殖场（户）平均认知水平来看，命令强制型政策的约束力度强于经济激励型政策的引导力度。具体来看，如图 7-4 所示，绝大多数肉牛养殖场（户）认为政府对养殖环境问题的监管较为严格，其中认为比较严格和非常严格的分别占总体样本的 47.83%和 43.48%。与命令强制型政策相比，肉牛养殖场（户）对养殖废弃物资源化利用相关支持政策的满意度相对偏低，26.08%的养殖场（户）不满意。调研中发现，肉牛养殖废弃物资源化利用相关支持政策没有很好地落实下去，部分政策停留在口头承诺，养殖场（户）甚至没有享受到相关政策。

表 7-4 模型变量设定及描述性统计

变量名称	变量定义	平均值	标准差	最小值	最大值
被解释变量					
养殖废弃物资源化利用行为	养殖场(户)是否拥有养殖废弃物资源化利用设施设备,是=1,否=0	0.717	0.451	0	1
核心解释变量					
经济激励型政策	养殖场(户)对相关支持政策满意度认知,非常不满意到非常满意,依次赋值 1～5	3.232	1.205	1	5
命令强制型政策	养殖场(户)对养殖环境监管严格程度认知,非常宽松到非常严格,依次赋值 1～5	4.301	0.768	1	5
其他控制变量					
年龄	养殖场(户)负责人年龄(岁)	47.246	10.229	25	78
是否为村干部	是=1,否=0	0.094	0.293	0	1
受教育程度	上过多少年学(年)	8.120	3.281	0	16
家庭规模	家庭劳动力占总人口比重(%)	0.542	0.206	0.17	1
是否转入土地	是=1,否=0	0.533	0.500	0	1
是否种植	是=1,否=0	0.909	0.288	0	1
是否加入合作社	是=1,否=0	0.351	0.478	0	1
养殖年限	养牛多少年了(年)	7.011	5.917	1	40
养殖规模	2017 年底肉牛存栏数(头)	97.844	189.191	5	2 400
养殖收益	2017 年养殖收入占家庭总收入比重(%)	68.727	25.234	1	100
牛粪处理是否困难	是=1,否=0	0.518	0.501	0	1
贷款难易程度	非常难到非常容易,依次赋值 1～5	2.243	1.063	1	5

注:本研究界定的肉牛养殖废弃物为牛粪,故表中直接使用牛粪代指肉牛养殖废弃物,下同。

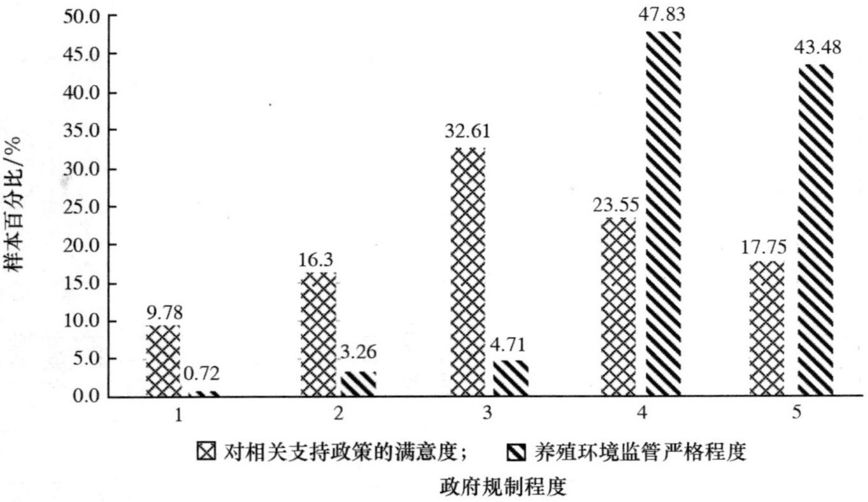

图 7-4　模型核心自变量分布

4. 结果分析

运用 Stata15.0 对模型进行估计，鉴于离散选择模型的回归系数值大小没有较强的实际意义，本研究求得各解释变量的边际效应。在模型估计时，考虑到已有相关研究仅考虑单一政策变量的影响，研究者首先分别在模型中仅引入单一政策变量［回归（1）和回归（2）］，其次在模型中同时引入两个政策变量［回归（3）］以及政策变量间的交互项［回归（4）］，一方面与既有研究形成对比，另一方面通过模型间回归系数的变化证实本研究结果的科学性、有效性，具体结果如表 7-5 所示。

表 7-5　模型估计结果（边际效应）

变量名称	回归（1）	回归（2）	回归（3）	回归（4）
核心解释变量				
经济激励型政策	0.041*		0.037*	0.038*
	(0.022)		(0.021)	(0.021)
命令强制型政策		0.080***	0.075**	0.099***
		(0.031)	(0.031)	(0.030)
经济激励型政策×命令强制型政策				0.061**
				(0.025)

续表 7-5

变量名称	回归（1）	回归（2）	回归（3）	回归（4）
其他控制变量				
年龄	0.002	0.002	0.002	0.002
	(0.002)	(0.002)	(0.002)	(0.002)
是否为村干部	0.119	0.094	0.108	0.099
	(0.084)	(0.080)	(0.082)	(0.081)
受教育程度	0.015*	0.014	0.013	0.012
	(0.009)	(0.008)	(0.008)	(0.008)
家庭规模	0.081	0.077	0.051	0.042
	(0.123)	(0.120)	(0.122)	(0.119)
是否转入土地	0.119***	0.119***	0.116**	0.122***
	(0.046)	(0.046)	(0.046)	(0.046)
是否种植	−0.050	−0.044	−0.043	−0.065
	(0.089)	(0.092)	(0.086)	(0.087)
是否加入合作社	0.031	0.058	0.047	0.058
	(0.054)	(0.054)	(0.053)	(0.053)
养殖年限	−0.000 3	−0.001	−0.001	−0.001
	(0.004)	(0.004)	(0.004)	(0.004)
养殖规模（取对数）	0.125***	0.110***	0.111***	0.100***
	(0.038)	(0.038)	(0.037)	(0.036)
养殖收益	0.002*	−0.044	0.002*	0.002*
	(0.001)	(0.092)	(0.001)	(0.001)
牛粪处理是否困难	0.046	0.031	0.034	0.036
	(0.047)	(0.047)	(0.047)	(0.047)
贷款难易程度	0.006	0.004	0.002	0.004
	(0.023)	(0.023)	(0.023)	(0.023)
常数项	已控制	已控制	已控制	已控制
地市	已控制	已控制	已控制	已控制
样本量	276	276	276	276
对数似然值	−121.300	−119.656	−118.223	−115.599
Pseudo R^2	0.262	0.272	0.281	0.296

注：括号内数值为稳健标准误；***，**和*分别表示解释变量在1%，5%以及10%的水平下显著。

表7-5中的回归（1）结果显示，政府经济激励型政策对肉牛养殖场（户）养殖废弃物资源化利用行为具有显著正向影响，养殖场（户）对政府出台的

相关支持政策越满意，其进行养殖废弃物资源化利用的动机越强。回归（2）中政府命令强制型政策在1%的统计水平上显著，且回归系数为正，表明政府出台惩罚等命令强制型政策也能显著提高肉牛养殖场（户）的养殖废弃物资源化利用动机。将经济激励型政策和命令强制型政策同时纳入模型中估计，二者分别在10%和5%的统计水平上显著，且回归系数均为正，但边际效应值相对于回归（1）和回归（2）中均有所下降。作为政府出台的两类养殖环境规制措施，二者之间可能存在交互影响，因此在回归（4）中引入经济激励型政策和命令强制型政策的交互项，回归结果显示，经济激励型政策、命令强制型政策以及二者交互项分别在10%、1%和5%的统计水平上显著，且边际效应值均为正，经济激励型政策和命令强制型政策不仅能单独促进肉牛养殖场（户）进行养殖废弃物资源化利用，而且二者之间存在正向的交互作用进一步提高肉牛养殖场（户）的养殖废弃物资源化利用动机。

笔者借鉴罗必良等（2017）的做法，绘制出“经济激励型政策×命令强制型政策”与肉牛养殖场（户）养殖废弃物资源化利用行为的示意图（图7-5）。当经济激励型政策作为命令强制型政策的调节变量时，可以认为，政府经济激励型政策力度增大会显著增强命令强制型政策对肉牛养殖场（户）养殖废弃物资源化利用行为的促进作用。换言之，当政府实施经济激励型政策的力度较弱时（经济激励型政策＝0），命令强制型政策的力度增强会显著促进肉牛养殖场（户）进行养殖废弃物资源化利用，边际效应值为0.099；当政府采取经济激励型政策的力度较强时（经济激励型政策＝1），命令强制型政策的力度增强会更加显著地促进肉牛养殖场（户）参与养殖废弃物资源化利用，边际效应值为0.160（0.061＋0.099）。可能的原因在于，当不存在经济激励型政策时，命令强制型政策具有较强的普遍约束力，肉牛养殖场（户）基于损失预期考虑，被迫进行养殖废弃物资源化利用；当经济激励型政策的力度较强时，肉

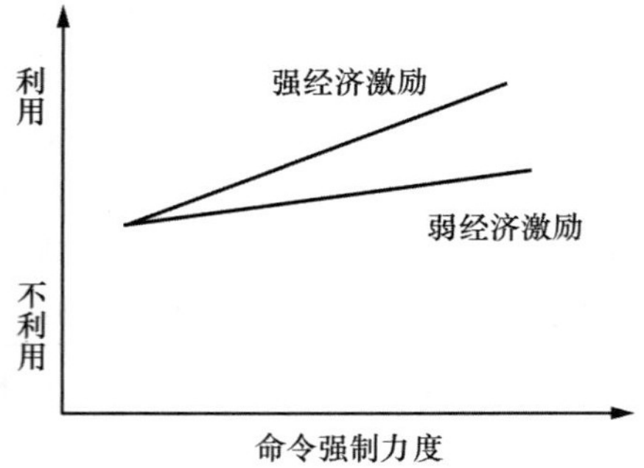

图7-5　政府规制政策交互项与养殖废弃物资源化利用行为

牛养殖场（户）同时受到损失预期的推力和收益预期的拉力，进行养殖废弃物资源化利用的动机会更强。同理，也可以把命令强制型政策作为经济激励型政策的调节变量进行分析，不再赘述。此外，对比回归（3）和回归（4）中结果，引入交互项后，经济激励型政策和命令强制型政策的边际效应均增加，但是命令强制型政策的边际效应增加幅度更大，表明命令强制型政策的促进作用更加凸显，符合如上理论分析中 $\lambda_1 F > \lambda_2 S_2$ 时的情形，这与司瑞石等（2019）的研究结果相一致。

其他控制变量方面，以表 7-5 中回归（4）中结果为准，肉牛养殖场（户）是否转入土地、养殖规模以及养殖收益分别在 1%、1%、10%的统计水平上显著，且边际效应值均为正，表明肉牛养殖场（户）转入土地越多、养殖规模越大，养殖收入占家庭总收入的比重越高，其进行养殖废弃物资源化利用的动机越强。但三者的边际效应值由大到小依次为，转入土地>养殖规模>养殖收益。转入土地对肉牛养殖场（户）养殖废弃物资源化利用行为的促进作用最强，一方面，转入土地为肉牛养殖场（户）建设养殖废弃物资源化利用设施设备创造了条件；另一方面，转入土地为肉牛养殖场（户）内部种养结合创造了先决条件，而种养结合是一种高性价比的养殖废弃物资源化利用方式，也是国家大力倡导的养殖废弃物资源化利用模式。尤其对于本研究中的中原地区而言，种植业具有土地平坦开阔、便于集中连片等生产优势，能够较好地与养殖业相匹配，扩大种养结合的广度与深度。

第四节　本章小结

本章首先基于外部性理论，阐释了政府介入肉牛养殖场（户）养殖废弃物资源化利用行为的经济学逻辑，接着构建博弈分析框架，对命令强制型政策、经济激励型政策和混合型政策情景下政府与肉牛养殖场（户）的行为选择进行博弈分析，并求解博弈的混合策略纳什均衡解，最后基于肉牛养殖场（户）微观调研数据对理论分析结果予以实证检验。主要研究结论如下：

（1）理论分析。表明鉴于肉牛养殖废弃物不处理的负外部性以及资源化利用的正外部性，政府介入肉牛养殖废弃物资源化利用尤为必要；政府同时采取惩罚与补贴双项规制措施优于单独实施惩罚或补贴措施，混合型政策工具更有利于多途径促进肉牛养殖场（户）进行养殖废弃物资源化利用。

（2）实证研究。发现政府针对肉牛等畜禽养殖出台的相关经济激励型和命令强制型政策均能有效促进肉牛养殖场（户）进行养殖废弃物资源化利用，且命令强制型政策的边际效应高于经济激励型政策；经济激励型政策和命令强制型政策并非孤立地发挥养殖废弃物资源化利用激励促进作用，二者之间存在正向交互影响，同时实施两类政策措施能够发挥出“1＋1＞2”的政策效能，表现出典型的范围经济效应；肉牛养殖场（户）转入土地越多、养殖规模越大，养殖收入占家庭总收入的比重越高，其进行养殖废弃物资源化利用的动机越强，其中转入土地对肉牛养殖场（户）养殖废弃物资源化利用行为的促进作用最强，表现出较强的种养结合动机。

第八章

研究结论及政策启示

随着居民饮食消费结构的改变，肉蛋奶等畜禽产品的消费需求不断增长，倒逼畜禽养殖规模总量扩大，相应的废弃物等养殖副产品也随之增多，对生态环境构成潜在威胁。如何在保障畜禽产品稳定供给的同时有效降低相关养殖副产品导致的环境负效应是新时期畜禽养殖业高质量发展面临的重大挑战。既有实践表明，资源化利用是破解这一难题的重要途径，也是畜禽养殖业绿色高质量发展的必然要求。中央 1 号文件连续 6 年指出要推进畜禽粪污等废弃物资源化利用，2018 年起，国家整合、优化相关中央投资专项，重点支持畜牧大县整县推进畜禽粪污资源化利用基础设施建设。2019 年中央 1 号文件更是提出实现畜牧养殖大县粪污资源化利用整县治理全覆盖。养殖废弃物资源化利用治理的主体要求由单一养殖主体向整县养殖主体转变，治理工作向纵深推进，凸显出当前养殖废弃物资源化利用的重要性与紧迫性。国家积极倡导建立以养殖主体投入为主、政府适当支持、社会资本积极参与的畜禽养殖废弃物资源化利用运行机制，但是在养殖废弃物资源化利用市场化运行机制尚未发挥主导作用的现实情形下，养殖场（户）仍然是养殖废弃物资源化利用的核心主体，其参与意愿、模式偏好以及投资积极性决定养殖废弃物资源化利用的广度与深度。因此有必要深入探究养殖场（户）参与养殖废弃物资源化利用的决策行为逻辑。

第一节 主要研究结论

笔者围绕肉牛养殖废弃物资源化利用主题，第一，基于畜禽养殖宏观统计数据，从时间和空间两个维度科学评估我国肉牛养殖废弃物产生量、资源价值量以及造成的资源环境压力；第二，对当前我国肉牛养殖废弃物资源化利用模式进行划分，并基于典型案例剖析不同模式产生的动因、发展的优劣势、运行的机制以及推广普及的条件；第三，利用肉牛养殖场（户）调研数据，运用结构方程模型、似不相关回归模型、中介效应模型分别从养殖场（户）意愿和行为两个方面分析肉牛养殖场（户）养殖废弃物资源化利用决策的驱动因素；第四，从政府规制的视角探究政府介入肉牛养殖场（户）养殖废弃物资源化利用行为的方式及效果。得出的主要结论如下：

（1）改革开放40年来，我国肉牛养殖产生的粪、尿、COD、全氮、全磷等废弃物或污染物总体是增加的，期间经历了两次下降和两次恢复，目前处于第二轮恢复增长阶段。肉牛养殖废弃物或污染物产量分布经历了“西南地区、中南地区、西北地区占主导”“六大区域占比趋稳”“中南地区和西南地区重占主导”3个阶段。当前，西南地区和西北地区肉牛养殖废弃物或污染物产生量的贡献率在波动中上升，中南地区的贡献率稳中有降，华北地区、东北地区和华东地区的贡献率则趋于下降。牧区是肉牛养殖废弃物或污染物的主要来源地；肉牛养殖废弃物能源化、肥料化价值潜力巨大，但是目前总体开发利用不足，如若充分挖掘并科学利用，可以有效降低不可再生能源、化肥等的施用；全国层面畜禽养殖全氮、全磷土地承载力形势比较乐观，但是部分省（市、区）存在环境污染风险，甚至处于环境风险预警Ⅴ级，其中肉牛养殖对全氮、全磷土地承载力的平均贡献率分别为19.6%和13.5%，对全氮土地承载力的贡献率高于全磷，是畜禽养殖污染的主要来源之一。

（2）在环保压力、利益驱使以及政策引导下，养殖场（户）在肉牛养殖废弃物资源化利用实践中形成了肥料化模式、基质化模式和能源化模式，养殖主体资源要素禀赋、地区自然环境、区域经济发展水平、政策扶持力度等外在约束条件决定着其存在的合理性；市场化运行是各种模式的核心运行机制，其关键在于保障养殖废弃物资源化利用产业链畅通，如产前的原料供应、产中的技术运用、产后的产品销售等；养殖规模、投资需求、技术含量、设施设备的专用性等决定着不同模式的普适性强弱，也构成了不同模式推广的要件；未来养殖废弃物多重资源化利用以及第三方主体参与将会更加重要，养殖废弃物资源化利用还将与农村人居环境整治紧密结合，助力农村人居环境整治与乡村振兴。

（3）肉牛养殖场（户）行为态度、主观规范以及认知行为控制对其养殖废弃物资源化利用意愿具有显著正向影响，其中行为态度的影响作用最大，其余依次为认知行为控制、主观规范；肉牛养殖场（户）对养殖废弃物资源化利用各效应的行为态度相当，主动或被动地考虑养殖废弃物资源化利用的经济效益、社会效益以及生态效益；来自政府层面的压力是肉牛养殖场（户）主观规范的重要来源，村干部和乡邻层面压力的贡献相对较小；时间或劳动力禀赋以及经济实力是肉牛养殖场（户）养殖废弃物资源化利用的核心制约因素，技能掌握的约束相对较小。

（4）当前肉牛养殖废弃物资源化利用以自用和赠送为主，销售比例较低，资源化利用的商品化率有待进一步提高；肉牛养殖负责人性别、是否为村干部、文化程度、身体健康状况、是否从事农业种植、是否转入土地、当地地形、养殖场位置、周边种植户使用牛粪的积极性、养殖是否具有辐射带动作用、养殖规模、是否有粪污处理设施以及养殖场（户）认知等对养殖废弃物资源化利用模式选择具有显著影响，但该影响在废弃物赠送、销售以及自用三种模式之间存在差异；种植规模和养殖规模是影响养殖场（户）废弃物资源化利用模式选择的核心因素，二者决定着种养结合的实现方式，废弃物自用的内部种养结合抑或废弃物赠送与销售的外部种养结合；周边种植户使用牛粪的积极性是影响3种养殖废弃物资源化利用模式选择的本质因素，肉牛养殖废弃物资源化利用的外在需求拉动性较强。

（5）政策认知对肉牛养殖场（户）废弃物资源化利用投资多元化以及投资力度均具有显著正向影响；行为合作与土地流转是政策认知影响养殖废弃物资源化利用投资的重要中间传导机制，二者均表现出显著的部分中介效应，平均间接效应约占总效应的一半；行为合作与土地流转发挥中介效应的侧重点分别体现在养殖废弃物资源化利用投资的质与量上，具体而言，在养殖废弃物资源化利用投资多元化层面，土地流转的中介效应大于行为合作，而在养殖废弃物资源化利用投资力度层面，行为合作的中介效应大于土地流转，也即政策认识通过土地流转主要促进养殖废弃物资源化利用设施设备配套及普及，而通过行为合作主要促进养殖废弃物资源化利用设施设备提档升级，但综合情况下，二者发挥投资激励的中介效应程度相当；养殖场（户）负责人文化程度、废弃物处理中是否有困难、养殖规模以及收入认知对肉牛养殖废弃物资源化利用投资也具有显著的促进作用。

（6）政府针对肉牛等畜禽养殖出台的相关经济激励型和命令强制型政策均能有效促进肉牛养殖场（户）养殖废弃物资源化利用，其中命令强制型政策的边际效应高于经济激励型政策；经济激励型政策和命令强制型政策并非孤立地发挥养殖废弃物资源化利用激励促进作用，二者之间存在正向交互影响，同时实施两类政策措施能够发挥出“1＋1＞2”的政策效能，表现出典型的范围经济效应；肉牛养殖场（户）转入土地、养殖规模越大、养殖收入占家庭总收入的比重越高，其养殖废弃物资源化利用动机越强，其中转入土地对养殖场（户）养殖废弃物资源化利用行为的促进作用最强，表现出较强的种养结合动机。

第二节　相关政策启示

基于如上所得结论，本研究得出如下相关政策启示，以期为提高肉牛等畜禽养殖废弃物资源化利用率、破解畜禽养殖环境污染难题、促进养殖业绿色高质量发展等提供有益思考。

1. 合理控制畜禽养殖体量，充分挖掘养殖废弃物能源价值潜力

肉牛等畜禽养殖废弃物产生量之大、速度之快，必须引起高度重视，不能一味地追求畜禽产品数量与质量，而忽视了养殖废弃物等副产品的产生及影响。应遵循“以地定畜、以种定养”的原则，对于肉牛等畜禽养殖废弃物或污染物土地承载力过高的地区，如山东、广东、辽宁、福建、湖南等地，一方面在生态环境承载力允许范围内合理控制畜禽养殖总量，优化养殖结构、品种、布局，减少养殖废弃物和污染物增量；另一方面应因地制宜地通过能源化、肥料化、饲料化、基质化等途径充分挖掘畜禽养殖废弃物的资源价值潜力，积极拓宽养殖废弃物资源化利用渠道，扩大消纳量、提高利用率，减少不可再生能源、化肥等的使用。总之，要协调好畜禽产品有效供给与养殖污染防治之间的关系。

2. 推动不同形式种养结合，促进养殖废弃物高质量资源化利用

种植与否以及种植规模是影响肉牛养殖废弃物资源化利用模式选择的重要因素，不同养殖废弃物资源化利用模式的本质均是种养结合，因此当前应以种养结合循环农业示范工程建设为抓手，按照“以种带养、以养促种”的循环农业发展理念，通过土地流转等方式充分利用养殖场周边的耕地、林地、园地、草地等，积极推进不同形式的种养结合，就地就近实现肉牛养殖废弃物资源化利用。肉牛养殖场（户）周边种植户使用牛粪的积极性对自用、赠送和销售 3 种肉牛养殖废弃物资源化利用模式选择均具有显著影响，养殖废

弃物资源化利用的外在需求拉动性较强，因此应持续大力推进果菜茶有机肥替代，积极推广使用以畜禽粪便等为原料的有机肥，扩大有机肥市场需求，从而带动畜禽养殖废弃物资源化利用。

3. 加强相关技术指导培训，及时推广资源化利用新技术新模式

缺技术是目前肉牛养殖场（户）进行养殖废弃物资源化利用面临的困难或约束之一，既有的环境监管导向型培训对养殖场（户）养殖废弃物资源化利用模式选择没有显著影响，相关培训应向技术实操导向型转变，组织开展具有可操作性的养殖废弃物资源化利用技术培训，满足养殖场（户）养殖废弃物资源化利用的有效技术需求，激发其养殖废弃物资源化利用意愿以及投资积极性。还应加大肉牛等畜禽养殖废弃物资源化利用技术研发，及时推广适用性强、成本低、可持续的新技术新模式，增加养殖废弃物资源化利用模式选择的多样性，示范带动更多养殖场（户）积极参与养殖废弃物资源化利用。虽然本研究表明技术对肉牛养殖场（户）养殖废弃物资源化利用的约束较小，但是建立在技术含量低的废弃物初级资源化利用基础之上，养殖废弃物资源化利用质量尚有待进一步提高，以适应肉牛等畜禽养殖业发展新形势，相应的养殖废弃物资源化利用技术需求也会提高。

4. 有序引导适度规模养殖，提高肉牛养殖标准化、组织化水平

在区域生态环境承载力范围之内，应有序引导散户以及小规模畜禽养殖主体逐步退出或向规模化、专业化、标准化养殖转型，积极开展适度规模养殖，不断提高我国畜禽养殖规模化水平，增强畜禽养殖主体进行养殖废弃物资源化利用的内在实力。同时，规模化养殖也为完善畜禽养殖主体备案制创造了有利条件，便于政府对畜禽养殖主体的全覆盖式监管，能够有效降低政府规制成本（李乾和王玉斌，2018），还能在实现养殖规模效应的同时提高养殖废弃物资源化利用的规模效应，促进畜禽养殖废弃物高质量资源化利用。除单体养殖规模扩大外，还可以以养殖专业合作社、养殖小区建设为抓手，推进肉牛等畜禽养殖转型升级，改变畜禽养殖“小、散、弱”格局，同时规范养殖专业合作社发展，依托农民专业合作社质量提升整县推进试点以及“空壳社”专项清理等契机，加强畜禽养殖专业合作社监督监管，提高合作社发展质量，充分发挥行为合作促进养殖废弃物资源化利用投资质量提升的中

介作用。

5. 加大相关政策宣传力度，提高资源化利用利益相关主体认知

鉴于环境产品的公共物品属性，肉牛等畜禽养殖废弃物资源化利用涉及政府、养殖场（户）以及周边居民等众多行为主体，应通过加大畜禽养殖废弃物资源化利用相关政策的宣传力度提高各利益相关主体的环境保护认知（李乾和王玉斌，2018），这是推动养殖废弃物资源化利用的本质因素。一是通过政策宣传让养殖主体更加客观地认识养殖废弃物可能造成的环境污染以及养殖废弃物资源化利用的价值潜力，提高养殖主体的政策认知水平，激发其参与养殖废弃物资源化利用的积极性；二是通过典型模式推介、政策宣讲等，科学指导肉牛等畜禽养殖主体选择与养殖特征相匹配的养殖废弃物资源化利用模式；三是鼓励养殖主体周边居民积极参与环境保护监督，共同抵制生态环境破坏行为，在降低政府监管成本的同时倒逼肉牛等畜禽养殖主体进行养殖废弃物资源化利用（李乾和王玉斌，2018）。

6. 创新养殖环境规制方式，形成资源化利用推力、引力与合力

（1）加强养殖废弃物资源化利用相关政策支持，依据地方财政约束、畜禽养殖规模等，予以养殖场（户）养殖废弃物资源化利用设施设备购置补贴、用地用电支持、先进技术培训、装备技术研究研发奖励等，兼顾补贴激励与强制惩罚，形成推进养殖废弃物资源化利用的政策推力与引力，还应注重不同政策措施之间有效衔接，形成政策合力，力避“政出多门”、政策之间对立等情况发生。大力支持社会第三方组织积极参与养殖废弃物资源化利用，形成多元化主体参与机制。调研发现，部分地方政府允诺对肉牛养殖废弃物资源化利用设施设备建设予以资金补贴，但补贴资金迟迟没有到位，严重影响养殖场（户）的养殖废弃物资源化利用投资积极性。因此，还应注重相关支持政策的执行落实，避免“重口头允诺、轻贯彻执行”，挫伤养殖场（户）等相关主体参与养殖废弃物资源化利用的积极性。

（2）加强肉牛等畜禽养殖环境问题监督管理，严格落实规模养殖环评制度、养殖场主体责任制等。在养殖场规划选址、养殖规模、饲料添加剂使用、污染物防治设施与处理工艺要求、污染物排放及其资源化利用考核等方面做出具体规定（孟祥海等，2014a），在完善畜禽养殖备案制的基础之上，构建

覆盖县、乡、村三级主体的畜禽养殖污染防控网格化管理体系，形成巡查、抽查以及督查的三级联动机制，对养殖环境污染行为坚决做到零容忍。

（3）声誉作为一种非物质收益，是对肉牛等畜禽养殖废弃物资源化利用行为所产生外部性的一种补偿。养殖主体对个人声誉的认知程度越高，参与养殖废弃物资源化利用的积极性就越强。因此应充分发挥声誉机制对养殖主体的激励引导作用，适时引入环境自愿型政策工具，积极引导养殖主体自发参与养殖废弃物资源化利用活动，推动畜禽养殖废弃物资源化利用长效可持续发展（李乾和王玉斌，2018）。

第三节 未来研究展望

本研究遵循肉牛养殖场（户）意愿到行为再到政府规制的思路，探究当前我国肉牛养殖废弃物资源化利用，但仍然存在如下几点不足，有待未来进一步研究：

第一，肉牛养殖废弃物总量估算与价值评估方面。已有研究对肉牛等畜禽养殖废弃物能源潜力开发不足的原因缺乏深入研究，而这对破解畜禽养殖废弃物资源化利用困境、提高资源化利用率具有重要意义；采用的畜禽排泄系数属于二手数据，且已有研究中部分排泄系数取值存在差异，随着畜禽养殖品种、技术、环境等的改变，相应的排泄系数也会发生变化，进而影响实际畜禽养殖废弃物和污染物产生量的估算结果，未来可以结合实地调研，通过交叉学科研究校正相关参数，更加科学地估算畜禽养殖废弃物和污染物产生量以及能源价值；畜禽养殖废弃物在收集、运输、利用过程中存在一定的废弃或损耗，具体回收利用率尚有待进一步研究确定。

第二，肉牛养殖废弃物资源化利用模式选择方面。本研究基于废弃物利用途径视角将肉牛养殖废弃物资源化利用模式划分肥料化模式、能源化模式和基质化模式，由于样本总量偏小，其中涉及能源化模式和基质化模式的样本较少，该模式划分视角下仅能基于典型案例进行研究，无法构建实证模型做深入量化研究。未来拟通过扩大调研范围和样本容量，研究肉牛养殖场（户）选择肥料化模式、能源化模式和基质化模式的现实格局、影响因素以及行为绩效等。

第三，肉牛养殖废弃物资源化利用绩效评估方面。本研究注重肉牛养殖主体的行为意愿，对于行为绩效的关注较为不足，仅在案例分析时做简单的质性评价。养殖废弃物资源化利用绩效评估是未来重点研究方向，将基于典型案例或实证模型探究不同肉牛养殖废弃物资源化利用模式的经济效益、社会效益、生态效益和综合效益，以及利益相关主体间的利益分配格局等。

附 录

附录 1 模型潜变量间区别效度检验

附表 1-1 各潜变量平均方差提取值的平方根与潜变量间相关系数

潜变量	AT	SN	BC	WR
AT	0.733	—	—	—
SN	0.317	0.883	—	—
BC	0.447	0.241	0.805	—
WR	0.595	0.434	0.529	0.787

注：表中对角线上数值为各潜变量平均方差提取值的平方根，非对角线上数值为各潜变量之间的相关系数。

附录 2 有约束的 SUR 模型推导

假设肉牛养殖废弃物赠送模式、销售模式和自用模式的选择方程分别为如下公式（附 2-1）、（附 2-2）和（附 2-3），SUR 模型的约束条件为公式（附 2-4）：

$$Y_1 = \beta_{1i} X_i + \varepsilon_1 \quad \text{（附 2-1）}$$

$$Y_2 = \beta_{2i} X_i + \varepsilon_2 \quad \text{（附 2-2）}$$

$$Y_3 = \beta_{3i} X_i + \varepsilon_3 \quad \text{（附 2-3）}$$

$$1 = Y_1 + Y_2 + Y_3 \quad \text{（附 2-4）}$$

假设已知公式（附 2-2）和（附 2-3）中各参数的估计值（$\widehat{\beta_{2i}}$和$\widehat{\beta_{3i}}$）和标

准误（$\widehat{S_{2i}}$和$\widehat{S_{3i}}$），根据方程间约束条件公式（附 2-4），可求得公式（附 2-1）中各参数的估计值$\widehat{\beta_{1i}}$和标准误$\widehat{S_{1i}}$，分别表示如下：

$$\widehat{\beta_{1i}} = -\widehat{\beta_{2i}} - \widehat{\beta_{3i}} \quad \text{（附 2-5）}$$

$$\widehat{S_{1i}} = \sqrt{\frac{(N_2 - 1)\widehat{S_{2i}} + (N_3 - 1)\widehat{S_{3i}}}{N_2 + N_3 - 2}} \quad \text{（附 2-6）}$$

公式（附 2-6）中，N_2和N_3分别为模型（附 2-2）和（附 2-3）的样本量，在本研究中 3 个模型的样本量均为 276。根据回归模型的参数估计值和标准误可求得参数估计的T_{1i}值，再对照 T 检验临界值表判断各回归参数的显著性。

$$T_{1i} = \frac{\widehat{\beta_{1i}}}{\widehat{S_{1i}}} \quad \text{（附 2-7）}$$

附录 3　相关政策文件

《国务院办公厅关于加快推进畜禽养殖废弃物资源化利用的意见》

国办发〔2017〕48 号

各省、自治区、直辖市人民政府，国务院各部委、各直属机构：

近年来，我国畜牧业持续稳定发展，规模化养殖水平显著提高，保障了肉蛋奶供给，但大量养殖废弃物没有得到有效处理和利用，成为农村环境治理的一大难题。抓好畜禽养殖废弃物资源化利用，关系畜产品有效供给，关系农村居民生产生活环境改善，是重大的民生工程。为加快推进畜禽养殖废弃物资源化利用，促进农业可持续发展，经国务院同意，现提出以下意见。

一、总体要求

（一）指导思想。全面贯彻党的十八大和十八届三中、四中、五中、六中全会精神，深入贯彻习近平总书记系列重要讲话精神和治国理政新理念新思想新战略，认真落实党中央、国务院决策部署，统筹推进“五位一体”总体布局和协调推进“四个全面”战略布局，牢固树立和贯彻落实创新、协调、绿色、开放、共享的发展理念，坚持保供给与保环境并重，坚持政府支持、企业主体、市场化运作的方针，坚持源头减量、过程控制、末端利用的治理路径，以畜牧大县和规模养殖场为重点，以沼气和生物天然气为主要处理方向，以农用有机肥和农村能源为主要利用方向，健全制度体系，强化责任落实，完善扶持政策，严格执法监管，加强科技支撑，强化装备保障，全面推进畜禽养殖废弃物资源化利用，加快构建种养结合、农牧循环的可持续发展新格局，为全面建成小康社会提供有力支撑。

（二）基本原则。统筹兼顾，有序推进。统筹资源环境承载能力、畜产品供给保障能力和养殖废弃物资源化利用能力，协同推进生产发展和环境保护，奖惩并举，疏堵结合，加快畜牧业转型升级和绿色发展，保障畜产品供给稳定。

因地制宜，多元利用。根据不同区域、不同畜种、不同规模，以肥料化利用为基础，采取经济高效适用的处理模式，宜肥则肥，宜气则气，宜电则电，实现粪污就地就近利用。

属地管理，落实责任。畜禽养殖废弃物资源化利用由地方人民政府负总责。各有关部门在本级人民政府的统一领导下，健全工作机制，督促指导畜禽养殖场切实履行主体责任。

政府引导，市场运作。建立企业投入为主、政府适当支持、社会资本积极参与的运营机制。完善以绿色生态为导向的农业补贴制度，充分发挥市场配置资源的决定性作用，引导和鼓励社会资本投入，培育发展畜禽养殖废弃物资源化利用产业。

（三）主要目标。到2020年，建立科学规范、权责清晰、约束有力的畜禽养殖废弃物资源化利用制度，构建种养循环发展机制，全国畜禽粪污综合利用率达到75%以上，规模养殖场粪污处理设施装备配套率达到95%以上，大型规模养殖场粪污处理设施装备配套率提前一年达到100%。畜牧大县、国家现代农业示范区、农业可持续发展试验示范区和现代农业产业园率先实现上述目标。

二、建立健全畜禽养殖废弃物资源化利用制度

（四）严格落实畜禽规模养殖环评制度。规范环评内容和要求。对畜禽规模养殖相关规划依法依规开展环境影响评价，调整优化畜牧业生产布局，协调畜禽规模养殖和环境保护的关系。新建或改扩建畜禽规模养殖场，应突出养分综合利用，配套与养殖规模和处理工艺相适应的粪污消纳用地，配备必要的粪污收集、贮存、处理、利用设施，依法进行环境影响评价。加强畜禽规模养殖场建设项目环评分类管理和相关技术标准研究，合理确定编制环境影响报告书和登记表的畜禽规模养殖场规模标准。对未依法进行环境影响评价的畜禽规模养殖场，环保部门予以处罚。（环境保护部、农业部牵头）

（五）完善畜禽养殖污染监管制度。建立畜禽规模养殖场直联直报信息系统，构建统一管理、分级使用、共享直联的管理平台。健全畜禽粪污还田利用和检测标准体系，完善畜禽规模养殖场污染物减排核算制度，制定畜禽养殖粪污土地承载能力测算方法，畜禽养殖规模超过土地承载能力的县要合理调减养殖总量。完善肥料登记管理制度，强化商品有机肥原料和质量的监管与认证。实施畜禽规模养殖场分类管理，对设有固定排污口的畜禽规模养殖场，依法核发排污许可证，依法严格监管；改革完善畜禽粪污排放统计核算方法，对畜禽粪污全部还田利用的畜禽规模养殖场，将无害化还田利用量作为统计污染物削减量的重要依据。（农业部、环境保护部牵头，质检总局参与）

（六）建立属地管理责任制度。地方各级人民政府对本行政区域内的畜禽养殖废弃物资源化利用工作负总责，要结合本地实际，依法明确部门职责，细化任务分工，健全工作机制，加大资金投入，完善政策措施，强化日常监管，确保各项任务落实到位。统筹畜产品供给和畜禽粪污治理，落实“菜篮子”市长负责制。各省（区、市）人民政府应于2017年底前制定并公布畜禽养殖废弃物资源化利用工作方案，细化分年度的重点任务和工作清单，并抄送农业部备案。（农业部牵头，环境保护部参与）

（七）落实规模养殖场主体责任制度。畜禽规模养殖场要严格执行环境保护法、畜禽规模养殖污染防治条例、水污染防治行动计划、土壤污染防治行

动计划等法律法规和规定，切实履行环境保护主体责任，建设污染防治配套设施并保持正常运行，或者委托第三方进行粪污处理，确保粪污资源化利用。畜禽养殖标准化示范场要带头落实，切实发挥示范带动作用。（农业部、环境保护部牵头）

（八）健全绩效评价考核制度。以规模养殖场粪污处理、有机肥还田利用、沼气和生物天然气使用等指标为重点，建立畜禽养殖废弃物资源化利用绩效评价考核制度，纳入地方政府绩效评价考核体系。农业部、环境保护部要联合制定具体考核办法，对各省（区、市）人民政府开展考核。各省（区、市）人民政府要对本行政区域内畜禽养殖废弃物资源化利用工作开展考核，定期通报工作进展，层层传导压力。强化考核结果应用，建立激励和责任追究机制。（农业部、环境保护部牵头，中央组织部参与）

（九）构建种养循环发展机制。畜牧大县要科学编制种养循环发展规划，实行以地定畜，促进种养业在布局上相协调，精准规划引导畜牧业发展。推动建立畜禽粪污等农业有机废弃物收集、转化、利用网络体系，鼓励在养殖密集区域建立粪污集中处理中心，探索规模化、专业化、社会化运营机制。通过支持在田间地头配套建设管网和储粪（液）池等方式，解决粪肥还田“最后一公里”问题。鼓励沼液和经无害化处理的畜禽养殖废水作为肥料科学还田利用。加强粪肥还田技术指导，确保科学合理施用。支持采取政府和社会资本合作（PPP）模式，调动社会资本积极性，形成畜禽粪污处理全产业链。培育壮大多种类型的粪污处理社会化服务组织，实行专业化生产、市场化运营。鼓励建立受益者付费机制，保障第三方处理企业和社会化服务组织合理收益。（农业部牵头，国家发展改革委、财政部、环境保护部参与）

三、保障措施

（十）加强财税政策支持。启动中央财政畜禽粪污资源化利用试点，实施种养业循环一体化工程，整县推进畜禽粪污资源化利用。以果菜茶大县和畜牧大县等为重点，实施有机肥替代化肥行动。鼓励地方政府利用中央财政农机购置补贴资金，对畜禽养殖废弃物资源化利用装备实行敞开补贴。开展规模化生物天然气工程和大中型沼气工程建设。落实沼气发电上网标杆电价和上网电量全额保障性收购政策，降低单机发电功率门槛。生物天然气符合城市燃气管网入网技术标准的，经营燃气管网的企业应当接收其入网。落实沼气和生物天然气增值税即征即退政策，支持生物天然气和沼气工程开展碳交易项目。地方财政要加大畜禽养殖废弃物资源化利用投入，支持规模养殖场、第三方处理企业、社会化服务组织建设粪污处理设施，积极推广使用有机肥。鼓励地方政府和社会资本设立投资基金，创新粪污资源化利用设施建设和运营模式。（财政部、国家发展改革委、农业部、环境保护部、住房城乡建设部、税务总局、国家能源局、国家电网公司等负责）

（十一）统筹解决用地用电问题。落实畜禽规模养殖用地，并与土地利用总体规划相衔接。完善规模养殖设施用地政策，提高设施用地利用效率，提高规模养殖场粪污资源化利用和有机肥生产积造设施用地占比及规模上限。将以畜禽养殖废弃物为主要原料的规模化生物天然气工程、大型沼气工程、有机肥厂、集中处理中心建设用地纳入土地利用总体规划，在年度用地计划中优先安排。落实规模养殖场内养殖相关活动农业用电政策。（国土资源部、国家发展改革委、国家能源局牵头，农业部参与）

（十二）加快畜牧业转型升级。优化调整生猪养殖布局，向粮食主产区和环境容量大的地区转移。大力发展标准化规模养殖，建设自动喂料、自动饮水、环境控制等现代化装备，推广节水、节料等清洁养殖工艺和干清粪、微生物发酵等实用技术，实现源头减量。加强规模养殖场精细化管理，推行标准化、规范化饲养，推广散装饲料和精准配方，提高饲料转化效率。加快畜禽品种遗传改良进程，提升母畜繁殖性能，提高综合生产能力。落实畜禽疫病综合防控措施，降低发病率和死亡率。以畜牧大县为重点，支持规模养殖场圈舍标准化改造和设备更新，配套建设粪污资源化利用设施。以生态养殖场为重点，继续开展畜禽养殖标准化示范创建。（农业部牵头，国家发展改革委、财政部、质检总局参与）

（十三）加强科技及装备支撑。组织开展畜禽粪污资源化利用先进工艺、技术和装备研发，制修订相关标准，提高资源转化利用效率。开发安全、高效、环保新型饲料产品，引导矿物元素类饲料添加剂减量使用。加强畜禽粪污资源化利用技术集成，根据不同资源条件、不同畜种、不同规模，推广粪污全量收集还田利用、专业化能源利用、固体粪便肥料化利用、异位发酵床、粪便垫料回用、污水肥料化利用、污水达标排放等经济实用技术模式。集成推广应用有机肥、水肥一体化等关键技术。以畜牧大县为重点，加大技术培训力度，加强示范引领，提升养殖场粪污资源化利用水平。（农业部、科技部牵头，质检总局参与）

（十四）强化组织领导。各地区、各有关部门要根据本意见精神，按照职责分工，加大工作力度，抓紧制定和完善具体政策措施。农业部要会同有关部门对本意见落实情况进行定期督查和跟踪评估，并向国务院报告。（农业部牵头）

国务院办公厅

2017年5月31日

参考文献

[1] 宾幕容，文孔亮. 基于农户满意度的循环农业技术采纳的绩效研究——以畜禽养殖废弃物利用为例[J]. 江西社会科学，2017，37(9)：93-99.

[2] 宾幕容，周发明. 畜禽养殖污染控制中的政府行为分析[J]. 黑龙江畜牧兽医，2017(10 下)：1-7.

[3] 宾幕容. 农户畜禽养殖废弃物资源化利用行为研究[M]. 北京：中国农业出版社，2018.

[4] 蔡立雄，何炼成. 诱致性制度变迁与农村发展——兼论社会主义新农村建设[J]. 经济评论，2007，148(6)：60-65.

[5] 蔡荣，汪紫钰，钱龙，等. 加入合作社促进了家庭农场选择环境友好型生产方式吗？——以化肥、农药减量施用为例[J]. 中国农村观察，2019(1)：51-65.

[6] 曹利平，王晓燕，梁博. 水质管理中经济手段的应用[J]. 水资源保护，2004，20(3)：33-36.

[7] 曾悦，洪华生，曹文志，等. 畜禽养殖废弃物资源化的经济可行性分析[J]. 厦门大学学报(自然科学版)，2004(S)：195-200.

[8] 陈柏峰. 熟人社会：村庄秩序机制的理想型探究[J]. 社会，2011，31(1)：223-241.

[9] 陈菲菲，张崇尚，王艺诺，等. 规模化生猪养殖粪便处理与成本收益分析[J]. 中国环境科学，2017，37(9)：3455-3463.

[10] 陈强. 高级计量经济学及 Stata 应用(第二版)[M]. 北京：高等教育出版社，2016.

[11] 陈重军，王建芳，张海芹，等. 厌氧氨氧化污水处理工艺及其实际应用研究进展[J]. 生态环境学报，2014(3)：521-527.

[12] 仇焕广，井月，廖绍攀，等. 我国畜禽污染现状与治理政策的有效性分析[J]. 中国环境科学，2013b(12)：2268-2273.

[13] 仇焕广,廖绍攀,井月,等.我国畜禽粪便污染的区域差异与发展趋势分析[J].环境科学,2013a(7):2766-2774.

[14] 仇焕广,莫海霞,白军飞,等.中国农村畜禽粪便处理方式及其影响因素——基于五省调查数据的实证分析[J].中国农村经济,2012a(3):78-87.

[15] 仇焕广,严健标,蔡亚庆,等.我国专业畜禽养殖的污染排放与治理对策分析——基于五省调查的实证研究[J].农业技术经济,2012b(5):30-35.

[16] 楚天舒,韩鲁佳,杨增玲.考虑种养平衡的黄淮海小麦—玉米模式下畜禽承载量估算[J].农业工程学报,2019,35(11):214-222.

[17] 褚彩虹,冯淑怡,张蔚文.种植户采用环境友好型农业技术行为的实证分析——以有机肥与测土配方施肥技术为例[J].中国农村经济,2012(3):78-87.

[18] 崔彬.安全文化与家禽养殖企业员工禽流感防控意愿:作用机理与实证检验——基于江苏省调查数据的结构方程模型分析[J].中国农村经济,2013(2):35-47.

[19] 董晓霞.北京市奶牛养殖现状及粪污处理模式[M].北京:中国农业科学技术出版社,2015.

[20] 范如芹,罗佳,高岩,等.农业废弃物的基质化利用研究进展[J].江苏农业学报,2014,30(2):442-448.

[21] 冯淑怡,罗小娟,张丽军,等.养殖企业畜禽粪尿处理方式选择、影响因素与适用政策工具分析——以太湖流域上游为例[J].华中农业大学学报(社会科学版),2013(1):12-18.

[22] 甘臣林,谭咏海,陈璐,等.基于TPB框架的农户认知对农地转出意愿的影响[J].中国人口·资源与环境,2018,28(5):152-159.

[23] 高定,陈同斌,刘斌,等.我国畜禽饲养业粪便污染风险与控制策略[J].地理研究,2006(2):311-319.

[24] 耿维,胡林,崔健宇,等.中国区域畜禽粪便能源潜力及总量控制研究[J].农业工程学报,2013,29(1):171-179.

[25] 何坪华,毛成兴.安全风险认知与抗生素违规使用:来自山东省畜禽养殖户的实证检验[J].华中农业大学学报(社会科学版),2018(4):20-29.

[26] 贺雪峰，仝志辉. 论村庄社会关联——兼论村庄秩序的社会基础[J]. 中国社会科学，2002(3)：124-134.

[27] 胡向东，黄仁，何忠伟. 畜禽规模养殖场废弃物处理的现状分析[J]. 江苏农业科学，2014(1)：302-304.

[28] 胡新艳，陈小知，王梦婷. 农地确权如何影响投资激励[J]. 财贸研究，2017(12)：72-81.

[29] 华永新，朱建平. 大中型畜禽养殖场沼气工程模式及投资效益分析[J]. 能源工程，2004(2)：11-15.

[30] 黄泽颖，陈双庆，王济民. 我国养猪户粪污处理问题分析及治理建议——基于四省 284 个样本的调研[J]. 中国畜牧杂志，2015(10)：72-76.

[31] 贾秀飞，叶鸿蔚. 秸秆焚烧污染治理的政策工具选择——基于公共政策学、经济学维度的分析[J]. 干旱区域资源与环境，2016(1)：36-41.

[32] 蒋磊，张俊飚，何可. 基于农户兼业视角的农业废弃物资源循环利用意愿及其影响因素比较——以湖北省为例[J]. 长江流域资源与环境，2014(10)：1432-1489.

[33] 蒋琳莉，张俊飚，何可，等. 农业生产性废弃物资源处理方式及其影响因素分析——来自湖北省的调查数据[J]. 资源科学，2014(9)：1925-1932.

[34] 蒋茜，王瑞波，孙玮琳. 我国畜禽粪便资源化利用潜力分析及对策研究——基于商品有机肥利用角度[J]. 华中农业大学学报(社会科学版)，2018(4)：30-37.

[35] 金书秦，韩冬梅，王莉，等. 畜禽养殖污染防治的美国经验[J]. 环境保护，2013，41(2)：65-67.

[36] 金书秦，韩冬梅，吴娜伟. 中国畜禽养殖污染防治政策评估[J]. 农业经济问题，2018(3)：119-126.

[37] 金书秦，沈贵银. 中国农业面源污染的困境摆脱与绿色转型[J]. 改革，2013(5)：79-87.

[38] 鞠昌华，芮菡艺，朱琳，等. 我国畜禽养殖污染分区治理研究[J]. 中国农业资源与区划，2016，37(12)：62-69.

[39] 鞠光伟，张燕媛，陈艳丽，等. 养殖户生猪保险参保行为分析——基于 428 位养殖户问卷调查[J]. 农业技术经济，2018(6)：81-91.

[40] 孔凡斌，王智鹏，潘丹. 畜禽规模化养殖环境污染处理方式分析[J]. 江西社会科学，2016(10)：59-65.

[41] 孔凡斌，钟海燕，潘丹. 不同规模农户环境友好型生产行为的差异性分析——基于全国 7 省 1059 户农户调研数据[J]. 农业经济与管理，2019(4)：26-36.

[42] 冷碧滨，吉雪强，涂国平，等. 中国生猪大规模养殖环境承载力评价研究[J]. 统计与信息论坛，2018，33(5)：67-72.

[43] 李博伟，徐翔. 农业生产集聚、技术支撑主体嵌入对农户采纳新技术行为的空间影响——以淡水养殖为例[J]. 南京农业大学学报(社会科学版)，2018，18(1)：124-136.

[44] 李飞跃，吴旋，李俊锁，等. 畜禽粪便生物炭固碳量、养分量的估算及田间施用潜在风险预测[J]. 农业环境科学学报，2019，38(9)：2202-2209.

[45] 李后建. 农户对循环农业技术采纳意愿的影响因素实证分析[J]. 中国农村观察，2012(2)：28-36.

[46] 李静，李岩. 畜禽龙头企业废弃物处理与农业可持续发展的关系探讨[J]. 安徽农学通报，2010(23)：126-128.

[47] 李娟. 养猪场废水、周边土壤中抗生素及耐药基因污染状况的研究[D]. 北京：中国农业大学博士学位论文，2012.

[48] 李立清，许荣. 养殖场户病死猪处理行为的实证分析[J]. 农业技术经济，2014(3)：26-32.

[49] 李敏，王海星. 农业废弃物综合利用措施综述[J]. 中国人口·资源与环境，2012(5)：37-39.

[50] 李鹏. 农业废弃物循环利用的绩效评价及产业发展机制研究[D]. 武汉：华中农业大学博士学位论文，2014.

[51] 李乾，王玉斌. 畜禽养殖废弃物资源化利用中政府行为选择——激励抑或惩罚[J]. 农村经济，2018(9)：55-61.

[52] 李乾. 粮食作物良种补贴政策的产量效应分析——基于省际面板数据的研究[J]. 农林经济管理学报，2017(3)：269-276.

[53] 李冉，沈贵银，金书秦. 畜禽养殖污染防治的环境政策工具选择及运用[J]. 农村经济，2015(6)：95-100.

[54] 李淑芹，胡玖坤．畜禽粪便污染及治理技术[J]．可再生能源，2013(1)：21-23．

[55] 李文哲，徐明汉，李晶宇．畜禽养殖废弃物资源化利用技术发展分析[J]．农业机械学报，2013(5)：135-142．

[56] 李晓慧，张园园，孙世民．病死猪处理行为的政府与养猪场户进化博弈及仿真分析[J]．云南农业大学学报（社会科学），2019a(5)：80-86．

[57] 李晓慧，张园园，孙世民．基于 Logit-ISM 模型的养猪场户病死猪处理行为实证分析[J]．新疆农垦经济，2019b(11)：36-59．

[58] 廖志民，胡姣姣，黄万抚，等．一种治理沼液的兼氧膜生物反应器工艺[J]．江西理工大学学报，2013(3)：1-5．

[59] 林代炎，姚金宝，林琰，等．4 种分离机械对规模化猪场污水处理效果研究[J]．中国农学通报，2005(6)：427-429．

[60] 林光华，汪斯洁．家禽保险对养殖户疫病防控要素投入的影响研究[J]．农业技术经济，2013(12)：94-102．

[61] 林丽梅，韩雅清．规模化生猪养殖户环境友好行为的影响因素及规制策略：基于扎根理论的探索性研究[J]．生态与农村环境学报，2019，35(10)：1259-1267．

[62] 林丽梅，刘振滨，杜焱强，等．生猪规模养殖户污染防治行为的心理认知及环境规制影响效应[J]．中国生态农业学报，2018，26(1)：156-166．

[63] 林源，马骥，秦富．中国畜禽粪便资源结构分布及发展展望[J]．中国农学通报，2012(32)：1-5．

[64] 刘晨峰，郭黎卿，宇立，等．“十二五”畜禽养殖污染排放问题及防治对策[J]．环境污染与防治，2015(3)：86-89．

[65] 刘洪涛，陈同斌，郑国砥，等．有机肥与化肥的生产能耗、投入成本和环境效益比较分析——以污泥堆肥生产有机肥为例[J]．生态环境学报，2010(4)：1000-1003．

[66] 刘鹏凌，李乾，栾敬东，等．种植大户成立新型农业经营组织的动因分析——基于安徽省桐城市的调研[J]．农业技术经济，2015(12)：52-59．

[67] 刘晓永，王秀斌，李书田．中国农田畜禽粪尿磷负荷量及环境风险分析[J]．农业环境科学学报，2019，38(11)：2594-2608．

[68] 刘雪芬.市场导向、政策倾斜与养殖户新技术采纳意愿的实证分析[J].统计与决策,2013(7):108-111.

[69] 刘铮,周静,宋宝辉.肉鸡养殖户兽药减量使用行为及其影响因素分析[J].华中农业大学学报(社会科学版),2019(3):79-87.

[70] 刘忠,端增强.中国主要农区畜禽粪尿资源分布及其环境负荷[J].资源科学,2010(5):946-950.

[71] 罗必良.农业家庭经营:走向分工经济[M].北京:中国农业出版社,2017.

[72] 罗伯特·K.殷著,周海涛、史少杰译.案例研究:设计与方法(第五版)[M].重庆:重庆大学出版社,2018.

[73] 马荣华,丁一凡,南国良,等.基于CDM的规模养猪场大型沼气工程经济评价[J].中国畜牧杂志,2008(7):50-52.

[74] 马永喜,王颖.规模化畜牧养殖废弃物处理的环境经济优化研究——基于生态经济模型的分析[J].农业现代化研究,2014(3):340-344.

[75] 孟祥海,刘黎,周海川,等.畜禽养殖污染防治个案分析[J].农业现代化研究,2014a,35(5):562-567.

[76] 孟祥海,张俊飚,李鹏,等.畜牧业环境污染形势与环境治理政策综述[J].生态与农村环境学报,2014b(1):1-8.

[77] 孟祥海,张俊飚,李鹏.中国畜牧业资源环境承载压力时空特征分析[J].农业现代化研究,2012(1):556-560.

[78] 农业部.加快推进畜禽废弃物资源化利用促进畜牧业绿色发展[J].现代畜牧兽医,2017(7):60-61.

[79] 欧阳艳,许小成,隋士元,等.宜昌市规模化畜禽养殖污染防治情况的调查报告[J].中国猪业,2011(8):49-52.

[80] 潘丹,孔凡斌.基于扎根理论的畜禽养殖废弃物循环利用分析:农户行为与政策干预路径[J].江西财经大学学报,2018(3):95-104.

[81] 潘丹,孔凡斌.养殖户环境友好型畜禽粪便处理方式选择行为分析[J].中国农村经济,2015(9):17-29.

[82] 彭新宇,张陆彪.畜禽业污染的经济学思考[J].中国禽业导刊,2006(16):8-9.

[83] 乔娟,刘增金.产业链视角下病死猪无害化处理研究[J].农业经济问题,

2015(2):102-109.

[84] 乔娟,舒畅.养殖场户病死猪处理的实证研究:无害化处理和方式选择[J].中国农业大学学报,2017(3):179-187.

[85] 乔娟,张诩.政府干预与道德责任对养殖废弃物治理绩效的影响——基于养殖场户视角[J].中国农业大学学报,2019,24(9):248-259.

[86] 沈根祥,汪雅谷,袁大伟.上海市郊农田畜禽粪便负荷量及其警报与分级[J].上海农业学报,1994,10(S1):6-11.

[87] 史瑞祥,薛科社,周振亚.基于耕地消纳的畜禽粪便环境承载力分析——以安康市为例[J].中国农业资源与区划,2017,38(6):55-62.

[88] 舒畅,乔娟,耿宁.畜禽养殖废弃物资源化的纵向关系选择研究——基于北京市养殖场户视角[J].资源科学,2017(7):1338-1348.

[89] 舒畅,沈莹,尚旭东,等.我国畜禽粪污集中处理模式的运行机理分析[J].农业经济与管理,2019(5):86-94.

[90] 舒畅,王瑾,乔娟.生猪养殖废弃物资源化利用现状及问题探讨——以北京市为例[J].农业展望,2016(9):57-60.

[91] 舒畅.基于经济与生态耦合的畜禽养殖废弃物治理行为及机制研究[D].北京:中国农业大学博士学位论文,2017.

[92] 舒朗山.农户生猪养殖废弃物处置模式选择行为实证分析——以湖北省武穴市为例[D].杭州:浙江大学硕士学位论文,2010.

[93] 司瑞石,陆迁,张淑霞.环境规制对养殖户病死猪资源化处理行为的影响——基于河北、河南和湖北的调研数据[J].农业技术经济,2020(7):47-60.

[94] 司瑞石,潘嗣同,袁雨馨,等.环境规制对养殖户废弃物资源化处理行为的影响研究——基于拓展决策实验分析法的实证[J].干旱区资源与环境,2019,33(9):17-22.

[95] 孙若愚.生猪养殖户兽药使用行为研究——基于辽宁省调查数据的经济学分析[D].沈阳:沈阳农业大学博士学位论文,2016.

[96] 孙铁珩,宋雪英.中国农业环境问题与对策[J].农业现代化研究,2008(6):646-652.

[97] 唐艳.有机认证制度下农户减量施肥意愿的影响因素分析——基于四川省

1061 户农民的调查[J]. 干旱区资源与环境,2019,33(10):29-34.

[98] 涂国平,冷碧滨. 生猪规模养殖与户用沼气资源合作开发模式探索[J]. 农村经济,2013(7):101-104.

[99] 王方浩,马文奇,窦争霞,等. 中国畜禽粪便产生量估算及环境效应[J]. 中国环境科学,2006(5):614-617.

[100] 王欢,乔娟,李秉龙. 养殖户参与标准化养殖场建设的意愿及其影响因素——基于四省(市)生猪养殖户的调查数据[J]. 中国农村观察,2019(4):111-127.

[101] 王建华,刘茁,浦徐进. 政策认知对生猪养殖户病死猪不当处理行为风险的影响分析[J]. 中国农村经济,2016(5):84-95.

[102] 王建华,陶君颖,陈璐. 养殖户畜禽废弃物资源化处理方式及影响因素研究[J]. 中国人口·资源与环境,2019b,29(5):127-137.

[103] 王建华,陶君颖,陈璐. 养殖户畜禽废弃物资源化处理受偿意愿及影响因素研究[J]. 中国人口·资源与环境,2019a,29(9):144-155.

[104] 王克俭,张岳恒. 规模化生猪养殖污染防控的价值分析——基于支付意愿的视角[J]. 农村经济,2016(2):101-107.

[105] 王明利. 改革开放四十年我国畜牧业发展:成就、经验及未来趋势[J]. 农业经济问题,2018(8):60-70.

[106] 王如意,靳淑敏,李伟. 畜禽粪便资源化处理技术在环境污染防治中的应用[J]. 中国动物检疫,2010,27(2):13-14.

[107] 王泗通. "熟人社会"前提的社区居民环境行为[J]. 重庆社会科学,2016(4):59-63.

[108] 王晓霞,王韩民,徐德徽. 大中型沼气工程商业化融资的前景及对策[J]. 管理世界,2004(7):78-85.

[109] 王毅琦,韩文彪,陈灏,等. 畜禽养殖废弃物无害化处理技术及其应用[J]. 中国家禽,2016(24):66-70.

[110] 王玉斌,李乾. 农业生产托管利益分配模式比较研究[J]. 改革,2019(8):119-126.

[111] 王兆军,张怀成,刘键,等. 规模化畜禽养殖污染有效防治途径探讨[J]. 中国人口·资源与环境,2001(S1):73-75.

[112] 王志国，李辉信，岳明灿，等. 中国畜禽粪尿资源及其替代化肥潜力分析[J]. 中国农学通报，2019，35(26)：121-128.

[113] 温忠麟，刘红云，侯杰泰. 调节效应和中介效应分析[M]. 教育科学出版社，2012：71-80.

[114] 邬兰娅，齐振宏，李欣蕊，等. 养猪农户环境风险感知与生态行为响应[J]. 农村经济，2014(7)：98-102.

[115] 吴明隆. 结构方程模型：AMOS 的操作与应用[M]. 重庆：重庆大学出版社，2010.

[116] 吴朝霞. 环境规制对中国区际污染产业转移的影响研究[M]. 湘潭：湘潭大学出版社，2018.

[117] 夏佳奇，何可，张俊飚. 环境规制与村规民约对农户绿色生产意愿的影响——以规模养猪户养殖废弃物资源化利用为例[J]. 中国生态农业学报(中英文)，2019，27(12)：1925-1936.

[118] 谢光辉，包维卿，刘继军，等. 中国畜禽粪便资源研究现状述评[J]. 中国农业大学学报，2018，23(4)：75-87.

[119] 徐伟朴，陈同斌，刘俊良，等. 规模化畜禽养殖对环境的污染及防治策略[J]. 环境科学，2004(6)：105-108.

[120] 徐新悦，岳梦凡，李建国，等. 滨海地区畜禽养殖户污染防治意愿影响因素及其响应机理——以盐城市为例[J]. 自然资源学报，2019，34(9)：1974-1986.

[121] 徐勇峰，阮子学，吴翼，等. 环洪泽湖地区耕地养殖污染负荷估算及其风险评价[J]. 南京林业大学学报(自然科学版)，2016(4)：35-40.

[122] 徐志刚，张炯，仇焕广. 声誉诉求对农户亲环境行为的影响研究——以家禽养殖户污染物处理方式选择为例[J]. 中国人口·资源与环境，2016(10)：44-52.

[123] 闫波杰，赵春江，潘瑜春，等. 畜禽废弃物养分资源分配方法研究——以北京市大兴区为例[J]. 资源科学，2010(5)：951-958.

[124] 杨飞，吴根义，诸云强，等. 中国各省区未来主要畜禽养殖量及耕地氮载荷的预测[J]. 水土保持研究，2013，20(3)：289-294.

[125] 杨皓天，马骥. 标准化养殖场的环境投资及其示范效应——基于内生转换

模型及空间自相关模型的实证分析[J].华中农业大学学报(社会科学版),2019(6):97-105.

[126] 杨慧芳.生猪面源污染现状及防治对策研究——以浙江省嘉兴市为例[J].农业经济问题,2013,34(7):25-29.

[127] 杨世琦,韩瑞芸,刘晨峰.省域尺度下畜禽粪便的还田消纳量及承载负荷研究[J].中国农业大学学报,2016,21(7):142-151.

[128] 杨世琦,韩瑞芸,刘晨峰.中国畜禽粪便磷的农田消纳量及承载负荷研究[J].中国农学通报,2016,32(32):111-116.

[129] 姚升,王光宇.基于分区视角的畜禽养殖粪便农田负荷量估算及预警分析[J].华中农业大学学报(社会科学版),2016(1):72-84.

[130] 姚文捷.畜禽养殖污染治理的绿色补贴政策研究——以浙江生猪养殖为例[D].杭州:浙江工商大学博士学位论文,2016.

[131] 叶鸿蔚,高雅雯.我国环境政策演变的特点和发展趋势[J].理论导刊,2013(4):92-94.

[132] 于婷,于法稳.环境规制政策情境下畜禽养殖废弃物资源化利用认知对养殖户参与意愿的影响分析[J].中国农村经济,2019(8):91-108.

[133] 于潇,郑逸芳.农户参与畜禽养殖污染整治意愿及其影响因素——基于福建南平地区 286 份调查问卷[J].湖南农业大学学报(社会科学版),2013(6):44-49.

[134] 虞祎,张晖,胡浩.排污补贴视角下的养殖户环保投资影响因素研究——基于沪、苏、浙生猪养殖户的调查分析[J].中国人口·资源与环境,2012(2):159-163.

[135] 袁平,朱立志.中国农业污染防控:环境规制缺陷与利益相关者的逆向选择[J].农业经济问题,2015(11):73-80.

[136] 远德龙,宋春阳.病死畜禽尸体无害化处理方式探讨[J].猪业科学,2013(6):82-84.

[137] 展玉琴.生猪规模化养殖场病死猪无害化处理补助实施中的问题及建议[J].中国动物检疫,2013(3):19-20.

[138] 张蓓,高惠姗,吴宝珠,等.价值认同、社会信念、能力认知与果蔬农户质量安全控制行为[J].统计与信息论坛,2019,34(3):110-118.

[139] 张昌爱，徐振，李彦，等．畜禽养殖污染防治典型工程的综合效益评价[J]．环境工程学报，2014，8(10)：4555-4560.

[140] 张化楠，葛颜祥，接玉梅，等．生态认知对流域居民生态补偿参与意愿的影响研究[J]．中国人口·资源与环境，2019，29(9)：109-116.

[141] 张晖，虞袆，胡浩．基于农户视角的畜牧业污染处理意愿研究——基于长三角生猪养殖户的调查[J]．农村经济，2011(10)：92-94.

[142] 张树清，张夫道，刘秀梅，等．高温堆肥对畜禽粪便中抗生素降解和重金属钝化的作用[J]．中国农业科学，2006(2)：337-343.

[143] 张田，卜美东，耿维．中国畜禽粪便污染现状及产沼气潜力[J]．生态学杂志，2012，31(5)：1241-1249.

[144] 张晓恒，周应恒，张蓬．中国生猪养殖的环境效率估算——以粪便中氮盈余为例[J]．农业技术经济，2015(5)：92-102.

[145] 张晓华，王芳，郑晓书，等．四川省畜禽粪便排放时空分布及污染防控[J]．长江流域资源与环境，2018，27(2)：433-442.

[146] 张诩，乔娟，沈鑫琪．养殖废弃物治理经济绩效及其影响因素：基于北京市养殖场(户)视角[J]．资源科学，2019，41(7)：1250-1261.

[147] 张旭吟，王瑞梅，吴天真．农户固体废弃物随意排放行为的影响因素分析[J]．农村经济，2014(10)：95-99.

[148] 张雅燕．养猪户病死猪无害化处理行为影响因素实证研究：基于江西养猪大县的调查[J]．生态经济(学术版)，2013(2)：183-186.

[149] 张永强，蒲晨曦，张晓飞，等．畜牧业面源污染防治政策分析[J]．生态经济，2018(2)：195-200.

[150] 张玉梅．基于循环经济的生猪养殖模式研究——以北京市为例[D]．北京：中国农业大学博士学位论文，2015.

[151] 张郁，齐振宏，孟祥海，等．生态补偿政策情境下家庭资源禀赋对养殖户环境行为影响——基于湖北省 248 个专业养殖户(场)的调查研究[J]．农业经济问题，2015(6)：82-91.

[152] 张郁，易江华．环境规制政策情境下环境风险感知对养猪户环境行为影响——基于湖北省 280 户规模养殖户的调查[J]．农业技术经济，2016(11)：76-86.

[153] 张振玲.病死猪无害化处理的方法、问题及建议[J].猪业科学,2019(11):50-55.

[154] 赵俊伟,姜昊,陈永福,等.生猪规模养殖粪污治理行为影响因素分析——基于意愿转化为行为视角[J].自然资源学报,2019,34(8):1708-1719.

[155] 赵连阁,姚文捷,王学渊.浙江省生猪养殖户废弃物处理补贴期望研究[J].中国畜牧杂志,2016(6):62-67.

[156] 钟太洋,黄贤金,王柏源.非农就业对种植户施用有机肥的影响[J].中国土地科学,2011(11):67-73.

[157] 周铁韬.规模化养殖污染治理的思考[J].内蒙古农业大学学报(社会科学版),2009(11):117-120.

[158] 朱建春,张增强,潘志民,等.中国畜禽粪便的能源潜力与氮磷耕地负荷及总量控制[J].农业环境科学学报,2014,33(3):435-445.

[159] 朱宁,李亮科,马骥.生猪废弃物处置与生态环境保护协调发展问题研究——基于中小型规模生猪养殖场的案例分析[J].中国猪业,2015(4):43-45.

[160] 朱宁,马骥.我国畜禽养殖场废弃物来源、处理方式及处理难度评估——以蛋鸡养殖场为例[J].农业展望,2013(24):60-63.

[161] 朱宁,马骥.中国畜禽粪便产生量的变动特征及未来发展展望[J].农业展望,2014(1):46-48,74.

[162] 朱宁,秦富.农产品价格波动背景下农户短期生产要素投入决策分析——基于蛋鸡规模养殖户的调查[J].中国农业大学学报,2017(5):174-179.

[163] 朱宁.畜禽养殖户废弃物处理及其对养殖效果影响的实证研究——以蛋鸡粪便处理为例[D].北京:中国农业大学博士学位论文,2014.

[164] Abdoli, M. A., L. Amiri and A. Baghvand, et al. Methane production from anaerobic co-digestion of maize and cow dung[J]. Environmental Progress & Sustainable Energy, 2014, 33: 597-601.

[165] Baron, R. M. and D. A. Kenny. The moderator-mediator variable distinction in social psychological research: conceptual, strategic, and statistical considerations[J]. Journal of Personality and Social Psychology, 1986, 51(6): 1173-1182.

[166] Bassanino，M.，D. Sacco，and L. Zavattaro，et al. Nutrient balance as a sustainability indicator of different agro-environments in Italy[J]. Ecological Indicators，2011，11(2)：715-723.

[167] Bukhari，F.，S. Hussain and R.R. Ahmed，et al. Motives and role of religiosity towards consumer purchase behavior in western imported food products[J]. Sustainability，2020，12，356.

[168] Byrnes，J.P.，D.C. Miller and W.D. Schafer. Gender differences in risk taking：a meta-analysis[J]. Psychological Bulletin，1999，125(3)：367-383.

[169] Calise，F.，C. Cremonesi and G.D.N.D. Vastogirardi，et al. Technical and economic analysis of a cogeneration plant fueled by biogas produced from livestock biomass[J]. Energy Procedia，2015，82：666-673.

[170] Caruana，M.E.C. Organizational and economic modeling of an anaerobic digestion system to treat cattle manure and produce electrical energy in Argentina's feedlot sector[J]. Journal of Cleaner Production，2019，208，1613-1621.

[171] Chen，Y.，G.H. Yang and S. Sweeney，et al. Household biogas use in rural China：a study of opportunities and constraints[J]. Renewable and Sustainable Energy Reviews，2010，14(1)：545-549.

[172] Chinh，N.Q. Dairy cattle development：environmental consequences and pollution control options in Hanoi province，North Vietnam[R]. Economy and Environment Program for Southeast Asia（EEPSEA）Research Report，2005.

[173] Colman，D. Ethics and externalities：agricultural stewardship and other behavior：presidential address[J]. Journal of Agricultural Economics，1994(45)：299-311.

[174] Dang，P.K.，C. Saegerman and C. Douny，et al. First survey on the use of antibiotics in pig and poultry production in the red river delta region of Vietnam[J]. Food & Public Health，2013，3(5)：247-256.

[175] Denzau，A.T. and D.C. North. Shared mental model：ideologies and

institutions[J]. Economic History, 1993, 47(1): 3-31.

[176] Fischer, G., T. Ermolirva and Y. Ermoliev, et al. Livestock production planning under environmental risks and uncertainties[J]. Journal of Systems Science and Systems Engineering, 2006, 15(4): 399-418.

[177] Fishbein, M. and I. Ajzen. Belief, attitude, intention and behavior: An introduction to theory and research[M]. Addison-Wesley Pub. Co: Boston, MA, USA, 1975.

[178] Fraison, J.B., P. Guilpain and A. Schiffmann, et al. Pulmonary cryptococcosis in a patient with Crohn's disease treated with prednisone, azathioprine and adalimumab: Exposure to chicken manure as a source of contamination[J]. Journal of Crohn's and Colitis, 2013, 7(1): 4-11.

[179] Glatz, P., Z.H. Miao and B. Rodda Handing and treatment of poultry hatchery waste: a review[J]. Sustainability, 2011, 3, 216-237.

[180] Hair, J.F., R.E. Anderson and R.L. Tatham, et al. Multivariate data analysis (5th ed.)[M]. Upper Saddle River, NJ: Prentice Hall, 1998.

[181] Han, Z.Y., Q.Q. Duan and Y.Q. Fei, et al. Factors that influence public awareness of domestic waste characteristics and management in rural areas[J]. Integrated Environmental Assessment and Management, 2018, 14(3): 395-406.

[182] He, K., J.B. Zhang and J.H. Feng, et al. The impact of social capital on farmers' willingness to reuse agricultural waste for sustainable development[J]. Sustainable Development, 2016, 24(2): 101-108.

[183] He, K., J.B. Zhang and Y. Zeng, et al. Households' willingness to accept compensation for agricultural waste recycling: taking biogas production from livestock manure waste in Hubei, P. R. China as an example [J]. Journal of Cleaner Production, 2016, 131(9): 410-420.

[184] Huang, W.M., F.B. Qiao and H.J. Liu, et al. From backyard to commercial hog production: Does it lead to a better or worse rural environment[J]. China Agricultural Economic Review, 2016, 8(1):22-36.

[185] Jeon, J.H., C.G. Park and A.E. Bernard. Evaluating effects of poultry

waste application on phosphorus loads to Lake Tenkiller[J]. Sustainability, 2015, 7, 10115-10134.

[186] Karadurmus, E., M. Cesmeci and M. Yuceer, et al. An artificial neural network model for the effects of chicken manure on ground water[J]. Applied Soft Computing, 2012, 12(1): 494-497.

[187] Ki, Y.M., J.K. Han and S.K. Yoon, et al. Odor reduction rate in the confinement pig building by spraying various additives[J]. Bioresearches Technology, 2008, 99(17): 8464-8469.

[188] Kulcu, R., K. Ekinci and F. Evrendilek, et al. Long-term spatiotemporal patterns of CH_4 and N_2O emissions form livestock and poultry production in Turkey[J]. Environmental Monitoring and Assessment, 2010, 167(1-4):545-558.

[189] Li, Q., J.J. Wang and X.Y. Wang, et al. The impact of alternative policies on livestock farmers' willingness to recycle manure: Evidence from central China[J]. China Agricultural Economic Review, 2020, 12(4): 583-594.

[190] Li, Q., S.A. Wagan and Y.B. Wang. An analysis on determinants of farmers' willingness for resource utilization of livestock manure[J]. Waste Management, 2021, 120, 708-715.

[191] Liu, L.N., H.S. Chen and P. Cai, et al. Immobilization and phytotoxicity of Cd in contaminated soil amended with chicken manure compost [J]. Journal of Hazardous Materials, 2009, 163(2): 563-567.

[192] Loyon, L. Overview of animal manure management for beef, pig, and poultry farms in France[J]. Frontiers in Sustainable Food Systems, 2018, 2, 36.

[193] Loyon, L. Overview of manure treatment in France[J]. Waste Management, 2016, 11, 40.

[194] Martinez, J., P. Dabert and S. Barrington, et al. Livestock waste treatment systems for environmental quality, food safety, and sustainability [J]. Bioresource Technology, 2009, 100(22): 5527-5536.

[195] Massé, D.I., G. Talbot and Y. Gilbert. On farm biogas production: a method to reduce GHG emissions and develop more sustainable livestock operations[J]. Animal Feed Science & Technology, 2011, 166-167 (none): 0-445.

[196] Materechera, S.A. Utilization and management practices of animal manure for replenishing soil fertility among small scale crop farmers in semi-arid farming districts of the North West Province, South Africa[J]. Nutrient Cycling in Agroecosystems, 2010, 87(3): 415-428.

[197] Mathias, J.F.C.M. Manure as a resource: livestock waste management from anaerobic digestion, opportunities and challenges for Brazil[J]. International Food and Agribusiness Management Review, 2014, 17(4): 87-109.

[198] Myers, D. G. Social psychology [M]. McGraw-Hill Companies, Inc, 2005.

[199] Nasir, I.M., T.M. Ghazi and R. Omar. Anaerobic digestion technology in livestock manure treatment for biogas production: a review[J]. Engineering in Life Sciences, 2012, 12, 258-269.

[200] Norwood. F.B., R.L. Luter and R.E. Massey. Asymmetric willingness-to-pay distributions for livestock manure[J]. Journal of Agricultural & Resource Economic, 2005, 30(3): 431-448.

[201] Obaja, D., S. Mace and J. Costa, et al. Denitrification and biological phosphorus removal in piggery wastewater using a sequencing batch reactor[J]. Bio-resource Technology, 2003(87): 103-111.

[202] Opio, C., P. Gerber and H. Steinfeld. Livestock and the environment: addressing the consequences of livestock sector growth[J]. Advances in Animal Biosciences, 2012, 2(3): 601-607.

[203] Pan, D. The design of policy instruments towards sustainable livestock production in China: an application of the choice experiment method[J]. Sustainability, 2016, 8, 611.

[204] Patra, A.K. Estimation of methane and nitrous oxide emissions from In-

dian livestock[J]. Journal of Environmental Monitoring: JEM, 2012, 14(10): 2673-2674.

[205] Paudel, K.P., W.M. Gauthier and J.V. Westra, et al. Factors influencing and steps leading to the adoption of best management practices by Louisiana dairy farmers[J]. Journal of Agricultural and Applied Economics, 2008, 40(1): 203-222.

[206] Pence, N.S., P.B. Larsen and S.D. Ebbs, et al. The molecular physiology of heavy metal transport in the Zn/Cd hyper accumulator[J]. Processing of the National Academy Science of the United State of America, 2000, 97(9): 4956-4960.

[207] Pierre, J. Review of the use of aerobic thermophilic bioprocesses for the treatment of swine waste[J]. Livestock Science, 2006, 102(3): 187-196.

[208] Pigou, A.C. The economics of welfare[M]. Macmillan and co., London, 1920.

[209] Sefeedpari, P., T. Vellinga and S. Rafiee, et al. Technical, environmental and cost-benefit assessment of manure management chain: A case study of large scale dairy farming[J]. Journal of Cleaner Production, 2019, 233, 857-868.

[210] Shah, A.Q., T.G. Kazi and J.A. Baig, et al. Determination of total mercury in chicken feed, its translocation to different tissues of chicken and their manure using cold vapour atomic absorption spectrometer[J]. Food and Chemical Toxicology, 2010, 48(6): 1550-1554.

[211] Smith, E., G. Card and D.L. Young. Effect of market and regulatory changes on livestock management in Southern Alberta[J]. Canadian Journal of Agriculture Economic, 2006, 54(2): 199-213.

[212] Smith, K.A. and A.G. Williams. Production and management of cattle manure in the UK and implications fot land application practice[J]. Soil Use and Management, 2016, 32(1): 73-82.

[213] Tabachnick, B.G. and L.S. Fidel. Using multivariate statistics (5th Ed.)[M]. Needham Heights, MA: Allyn and Bacon, 2007.

[214] Tancuk, M. , R. Junga and K. W. Alicja, et al. Assessment of the energy potential of chicken manure in Poland[J]. Energies, 2019, 12, 1244.

[215] Thu, C. T. T. C. , P. H. Cuong and L. T. Thuy Hang, et al. Manure management practices on biogas and non-biogas pig farms in developing countries—Using livestock farms in Vietnam as an example[J]. Journal of Cleaner Production, 2012, 27, 64-71.

[216] Tian, M. , B. Pu and Y. N. Chen, et al. Consumer's waste classification intention in China: an extended theory of planned behavior model[J]. Sustainability, 2019, 11(24): 6999.

[217] Tobin, J. Estimation of relationships for limited dependent variables[J]. Econometric, 1958, 26(1): 24-36.

[218] Topp, E. , A. Scott and D. R. Lapen, et al. Livestock waste treatment systems for reducing environmental exposure to hazardous enteric pathogens: some considerations[J]. Bioresource Technology, 2009, 100(22): 5395-5398.

[219] Triguero, A. , C. Alvarez-Aledo and M. C. Cuerva. Factors influencing willingness to accept different waste management policies: empirical evidence from the European Union[J]. Journal of Cleaner Production, 2016, 138, 38-46.

[220] Wang, Y. B. , J. J. Wang and X. Y. Wang, et al. Does policy cognition affect livestock farmers' investment in manure recycling facilities? Evidence from China[J]. Science of The Total Environment, 2021, http://doi.org/10.1016/j.scitotenv.2021.148836.

[221] Wang, Y. B. , S. Ghimire and J. J. Wang, et al. Alternative management systems of beef cattle manure for reducing nitrogen loadings: A case-study approach[J]. Animals, 2021, 11(2), 574.

[222] Wooldridge, J. M. Introductory economics: a modern approach 6th edition[M]. C O. : South-Western College Pub, 2015.

[223] Wresta, A. D. Andriani and A. Saepudin, et al. Economics analysis of cow manure biogas as energy source for electricity power generation in

small scale ranch[J]. Energy Procedia, 2015, 68, 122-131.

[224] Yalcinkaya, S. A spatial modeling approach for siting, sizing and economic assessment of centralized biogas plants in organic waste management[J]. Journal of Cleaner Production, 2020,255,120040.

[225] Yang, H. F. Current status and countermeasures of pigs non-point source pollution: case of Jiaxing[J]. Issues in Agricultural Economy, 2013, 34 (7): 25-29.

[226] Zhang, Z. J. and J. Zhu. Effectiveness of short-term aeration in treating-swine finishing manure to reduce odor generation potential[J]. Agriculture Ecosystems & Environment, 2005, 105(1): 115-125.